企业定额编制
原理与实务

袁建新 编著

中国建筑工业出版社

图书在版编目(CIP)数据

企业定额编制原理与实务/袁建新编著. —北京：中国建筑工业出版社，2003（2022.3重印）
ISBN 978-7-112-06080-1

Ⅰ. 企… Ⅱ. 袁… Ⅲ. 企业管理-定额-编制 Ⅳ. F273

中国版本图书馆 CIP 数据核字（2003）第 093645 号

企业定额编制原理与实务
袁建新　编著

*

中国建筑工业出版社出版、发行（北京西郊百万庄）
各地新华书店、建筑书店经销
北京千辰公司制作
北京建筑工业印刷厂印刷

*

开本：850×1168 毫米　1/32　印张：5⅜　字数：144 千字
2003 年 12 月第一版　2022 年 3 月第十三次印刷
定价：**10.00** 元
ISBN 978-7-112-06080-1
(12093)

版权所有　翻印必究
如有印装质量问题，可寄本社退换
（邮政编码 100037）

该书主要内容包括：企业定额的概念与作用、施工过程和工作时间研究、技术测定法、定额的理论计算法、定额编制的简易方法、定额编制方案、人工定额编制方法、材料消耗定额编制方法、机械台班定额编制方法、企业定额编制方法、企业定额编制实务等。

本书重点突出、基本理论阐述清楚、基本方法有效实用，内容通俗易懂，可读性强，是施工企业、建设单位、工程造价咨询中介、工程造价管理等企事业单位从事工程造价工作的专业技术人员，以及工程造价、工程管理、建筑经济等专业的大中专学生，掌握企业定额编制原理和编制方法较好的学习资料。

* * *

责任编辑：孙玉珍
责任设计：孙　梅
责任校对：黄　燕

前 言

2003年7月1日施行的《建设工程工程量清单计价规范》第4.0.8条规定指出：建设工程投标报价依据企业定额和市场价格信息编制。这一规定，要求施工单位和有关部门的工程造价人员应该掌握编制企业定额的方法，这是我国实行工程量清单计价规范的必然趋势。

作者根据多年的工程造价、定额编制理论的教学经验以及从事工程造价工作的实践经验，编著了本书，以满足广大工程造价人员实施工程量清单计价规范后编制企业定额的要求。

该书主要内容包括：企业定额的概念与作用、施工过程划分和工作时间研究、技术测定法、理论计算法、定额编制的简易方法、定额编制方案拟定、人工定额编制方法、材料消耗定额编制方法、机械台班定额编制方法、企业定额编制方法、企业定额编制实务等。

本书重点突出、目标明确，基本理论阐述清楚、基本方法有效实用，是掌握企业定额编制原理和编制方法的较好的学习资料。

本书的出版得到了四川建筑职业技术学院和中国建筑工业出版社的大力支持，在此表示感谢。

本书可作为施工企业、建设单位、工程造价咨询中介、工程造价管理等企事业单位从事工程造价计价和控制的专业技术人员学习之用，也可供工程造价、工程管理、建筑经济等专业的大中专学生学习参考。

由于企业定额的研究和应用还处于发展阶段，加上作者的水平有限，书中难免存在错误和不足之处，敬请广大读者批评指正。

目 录

第一章 概论 …………………………………………… 1
  第一节 企业定额的概念与作用 …………………… 1
  第二节 建筑工程定额的种类 ……………………… 1
  第三节 企业定额编制方法 ………………………… 3

第二章 施工过程和工作时间 ………………………… 5
  第一节 施工过程研究 ……………………………… 5
  第二节 工作时间研究 ……………………………… 8

第三章 技术测定法 …………………………………… 14
  第一节 概述 ………………………………………… 14
  第二节 测时法 ……………………………………… 18
  第三节 写实记录法 ………………………………… 27
  第四节 工作日写实法 ……………………………… 32
  第五节 简易测定法 ………………………………… 36

第四章 理论计算法 …………………………………… 40
  第一节 砌体材料用量计算 ………………………… 40
  第二节 装饰块料用量计算 ………………………… 45
  第三节 半成品配合比用量计算 …………………… 47

第五章 定额制定简易方法 …………………………… 51
  第一节 经验估计法 ………………………………… 51
  第二节 统计分析法 ………………………………… 54
  第三节 比较类推法 ………………………………… 57

第六章 定额编制方案 ………………………………… 61
  第一节 编制方案的基本内容 ……………………… 61
  第二节 拟定定额的适用范围 ……………………… 62

  第三节 拟定定额的结构形式 ································ 63
  第四节 定额水平的确定 ···································· 68
  第五节 定额水平的测算对比 ································ 70
第七章 人工定额编制 ·· 72
  第一节 概述 ·· 72
  第二节 人工定额的拟定 ···································· 74
第八章 材料消耗定额编制 ···································· 94
  第一节 概述 ·· 94
  第二节 材料消耗定额的编制方法 ···················· 95
第九章 机械台班定额编制 ···································· 104
  第一节 概述 ·· 104
  第二节 机械台班定额的拟定 ···························· 105
  第三节 机械台班定额制定方法 ························ 108
第十章 企业定额编制 ·· 117
  第一节 概述 ·· 117
  第二节 编制企业定额的基础工作 ···················· 121
  第三节 企业定额编制方法 ································ 126
第十一章 企业定额编制实务 ································ 145
  第一节 脚手架定额项目计算实例 ···················· 145
  第二节 砖基础定额项目计算实例 ···················· 153
  第三节 砖墙面抹灰定额项目计算实例 ············ 158
  第四节 铝合金门窗制安定额项目计算实例 ···· 160
参考文献 ·· 164

第一章 概 论

第一节 企业定额的概念与作用

一、企业定额的概念

企业定额是确定反映本企业水平完成定额项目全部内容的人工、材料、机械台班消耗的数量标准。

二、企业定额的作用

1. 确定分部分项工程量清单项目消耗量的依据

《建设工程工程量清单计价规范》第 4.0.8 条规定指出,投标报价依据企业定额和市场价格信息编制。所以,企业定额是确定分部分项工程量清单项目的人工、材料、机械台班消耗量的依据。

2. 企业编制各种计划的依据

企业定额是编制施工进度计划、材料供应计划、劳动力需用量计划、施工机械台班需用量等计划的依据。

3. 控制工程成本的依据

企业定额是施工管理中给班组下达施工任务单和限额领料单的依据。企业通过下达施工任务单和限额领料单控制工程成本。

第二节 建筑工程定额的种类

建筑工程定额的种类很多,包括概算指标、概算定额、预算定额、间接费定额、企业定额、劳动定额(人工定额)、材料消耗定额、机械台班定额等等。这些定额的基本概念介绍如下。

一、概算指标

概算指标是以整个建筑物或构筑物为对象，以"m^2"、"m^3"、"座"等为计量单位，确定其人工、材料、机械台班消耗量指标的数量标准。

概算指标是建设项目投资估算的依据，也是评价设计方案经济合理性的依据。

二、概算定额

概算定额亦称扩大结构定额。它规定了完成单位扩大分项工程所必须消耗的人工、材料、机械台班的数量标准。

概算定额是由预算定额综合而成，是将预算定额中有联系的若干分项工程项目综合为一个概算定额项目。例如，将预算定额中人工挖地槽土方、基础垫层、砖基础、墙基防潮层、地槽回填土、余土外运等若干分项工程项目综合成一个概算定额项目，即砖基础项目。

概算定额是编制设计概算的依据，也是评价设计方案经济合理性的依据。

三、预算定额

预算定额是工程造价管理部门颁发，用于确定单位分项工程人工、材料、机械台班消耗的数量标准。

预算定额是编制施工图预算，确定工程预算造价的依据，也是建设工程工程量清单报价的依据。

预算定额按专业划分，一般有建筑工程预算定额、安装工程预算定额、装饰工程预算定额、市政工程预算定额、园林绿化工程预算定额等。

四、间接费定额

间接费定额是指与施工生产的个别项目无直接关系，而为企业全部施工项目所必需，为维持企业经营管理活动所发生的各项费用开支的标准。

间接费定额是计算工程间接费的依据。

五、企业定额

企业定额是确定单位分项工程人工、材料、机械台班消耗的数量标准。

企业定额是企业内部管理的基础,是企业确定工程投标报价的依据。

六、工期定额

工期定额是指单位工程或单项工程从正式开工起到完成承包工程全部设计内容并达到国家质量验收标准的全部有效施工天数。

工期定额是编制施工计划、签订承包合同、评价全优工程的依据。

七、劳动定额

劳动定额亦称人工定额,它规定了在正常施工条件下,某工种某等级的工人或工人小组,生产单位合格产品所必需消耗的劳动时间,或者是在单位工作时间内生产合格产品的数量。

劳动定额是编制预算定额、企业定额的依据,也是企业内部管理的基础。

八、材料消耗定额

材料消耗定额规定了在正常施工条件下和合理使用材料的条件下,生产单位合格产品所必需消耗的一定品种规格的原材料、半成品、成品或结构构件的数量标准。

材料消耗定额是编制预算定额、企业定额的依据,也是企业内部管理的基础。

九、机械台班定额

机械台班定额规定了在正常施工条件下,利用某种施工机械,生产单位合格产品所必需消耗的机械工作时间,或者在单位时间内机械完成合格产品的数量标准。

机械台班定额是编制预算定额、企业定额的依据,也是企业内部管理的基础。

第三节 企业定额编制方法

编制企业定额的基本方法主要有技术测定法、理论计算法、统计分析法、经验估计法等。

一、技术测定法

技术测定法是指通过对施工过程的生产技术、施工组织、施工条件和各种工时消耗进行科学分析研究后,拟定合理的施工条件、操作方法、劳动组织,在考虑挖掘工作潜力的基础上确定定额工、料、机消耗量的方法。

技术测定法通常有测时法、写实记录法、工作日写实法和简易测定法。

技术测定法的主要任务是为制定和修改人工定额、材料消耗定额、机械台班定额,补充企业定额和预算定额提供科学的数据资料。

二、理论计算法

理论计算法是运用科学合理的计算公式,根据施工质量验收规范确定材料消耗量的计算方法。

理论计算法的主要任务是为制定和修改材料消耗定额、补充企业定额和预算定额提供可靠的数据资料。

三、统计分析法

统计分析法是将过去施工中同类工程或生产同类产品的工时消耗、材料消耗、机械台班消耗的统计资料,考虑当前施工技术、施工条件、施工组织的变化因素进行统计分析研究制定定额的方法。

统计分析法可以为编制人工定额、材料消耗定额、机械台班定额提供较可靠的数据资料。

四、经验估计法

经验估计法是由定额管理专业人员、工程技术人员和老工人结合在一起,根据个人或集体的实践经验,经过对设计图纸和现场施工情况分析,了解施工工艺,分析施工组织和操作方法的难易程度后,通过座谈讨论制定定额的方法。

经验估计法常用来确定和补充项目的工时定额消耗量。

第二章 施工过程和工作时间

第一节 施工过程研究

一、施工过程的概念

施工过程是指在建筑安装工地范围内所进行的各种生产过程。施工过程的最终目的是要建造、恢复、改造、拆除或移动工业、民用建筑物的全部或一部分。例如,人工挖地槽土方、现浇钢筋混凝土构造柱、构造柱钢筋制作安装、木门制作、木门安装等等,都属于一定范围内的施工过程。

二、构成施工过程的因素

建筑安装施工过程的构成因素是生产力的三要素,即劳动者、劳动对象、劳动手段。

1. 劳动者

劳动者主要指生产工人。建筑安装工人按其担任的工作不同而划分为不同的专业。如,砖工、木工、钢筋工;又如,电焊工、管道工、电工、筑炉工、推土机及载重汽车驾驶员等等。

工人的技术等级是按其所做工作的复杂程度、技术熟练程度、责任大小、劳动强度等要素确定的。工人的技术等级越高,其技术熟练程度也就越高。

2. 劳动对象

劳动对象是指施工过程中所使用的建筑材料、半成品、成品、构件和配件等。

3. 劳动手段

劳动手段是指在施工过程中工人用以改变劳动对象的工具、

机具和施工机械等。例如,木工的工具有刨子和锯子;装饰装修用的冲击电钻、手提电锯、电刨等机具;搅拌砂浆用的砂浆搅拌机等机械。

三、施工过程的分解

施工过程按其组织上的复杂程度,一般可以划分工序、工作过程和综合工作过程。

1. 工序

工序是指在劳动组织上不可分割,而在技术操作上属于同一类的施工过程。

工序的主要特征是:劳动者、劳动对象和劳动工具均不发生变化。如果其中有一个条件发生了变化,就意味着从一个工序转入了另一个工序。

从施工的技术组织观点来看,工序是最基本的施工过程,是定额技术测定工作中的主要观察和研究对象。

拿砌砖这一工序来说,工人和工作地点是相对固定的,材料(砖)、工具(砖刀)也是不变的。如果材料由砖换成了砂浆或工具由砖刀换成了灰铲,那么,就意味着又转入了铲灰浆或铺灰浆工序。

工序可以由一个工人来完成,也可以由小组或几名工人协同完成;工序可以由手动完成,也可以由机械操作来完成,比如吊装楼面空心板等。

从劳动过程的观点看,工序又可以分解为更小的组成部分——操作;操作又可以分解为最小的组成部分——动作。

操作是一个个动作的综合,若干个操作构成一道工序。例如,弯曲钢筋这道工序,就是由把①钢筋放在工作台上,②对准位置,③弯曲钢筋,④将弯好的钢筋放置好等操作组成。而把钢筋放在工作台上这一操作,又由①走向堆放钢筋处,②拿起钢筋,③返回工作台,④把钢筋放在工作台上,⑤把钢筋靠近弯曲立柱等动作组成。

2. 工作过程

工作过程是指同一工人或工人小组所完成的,在技术操作上相互有联系的工序组合。

工作过程的主要特征是:劳动者不变,工作地点不变,而材料和工具可以变换。就拿调制砂浆这一工作过程来说,其人员是固定不变的,工作地点是相对稳定的,但时而要用砂子,时而要用水泥,即材料在发生变化;时而用铁铲、时而用箩筐,其工具也发生变化。

由一个工人完成的工作过程称为个人工作过程。由一个小组共同完成的工作过程称为小组工作过程。

3.综合工作过程

综合工作过程是指在施工现场同时进行的,在组织上有直接联系的,并且最终能获得一定劳动产品的施工过程的总和。例如,砌砖墙这一综合工作过程,由调制砂浆、运砂浆、运砖、砌墙等工作过程构成,它们在不同的空间同时进行,在组织上有直接联系,并最终形成的共同产品是一定数量的砖墙。

施工过程的工序或其组成部分,如果以同样的内容和顺序不断循环,并且每重复一次循环可以生产出同样的产品,则称为循环施工过程。反之,则称为非循环施工过程。

施工过程的划分示意,见图 2-1。

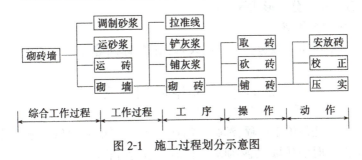

图 2-1 施工过程划分示意图

四、分解施工过程的目的

对施工过程进行分解并加以研究的主要目的是:

1.总结先进工作经验

通过施工过程的合理分解,可以从中寻求先进生产者完成各项工作最有效、最经济、最令人愉快的操作方法,以保证人力、物力的充分发挥,以达到总结先进生产者的工作经验,努力降低成本,提高劳动生产率的目的。

2. 便于测定定额消耗量

通过施工过程的分解,以便我们在技术上有可能采取不同的现场观察方法来研究工料消耗的数量,取得编制定额的各项基础数据。

五、影响施工过程的因素

在建筑安装施工过程中,生产效率受到诸多因素的影响。受这些因素的影响,导致同一单位产品的劳动消耗量不尽相同。因此,有必要对影响施工过程的有关因素进行分析,以便在测定和整理定额数据时更好地合理确定单位产品的劳动消耗量。

影响施工过程的因素主要有以下三个方面:

1. 技术因素

技术因素包括,产品的种类和质量要求;所用材料、半成品、成品、构配件的型号、规格和性能;所用工具和机械设备的类别、型号、性能及完好程度等等。

2. 组织因素

组织因素包括,施工组织与施工方法;劳动组织;工人劳动态度;劳动报酬分配形式等等。

3. 自然因素

自然因素一般包括,酷暑、大风、雨雪、冰冻等等。

第二节 工作时间研究

完成任何施工过程,都必须消耗一定的时间,若要研究施工过程中的工时消耗量,就必须对工作时间进行分析。

工作时间是指工作班的延续时间。建筑安装企业工作班的延续时间为8h(每个工日)。

工作时间的研究,是将劳动者整个生产过程中所消耗的工作时间,根据其性质、范围和具体情况进行科学划分、归类。明确规定哪些属于定额时间,哪些属于非定额时间,找出非定额时间损失的原因,以便拟定技术组织措施,消除产生非定额时间的因素和充分利用工作时间,提高劳动生产率。

对工作时间的研究和分析,可以分为工人工作时间和机械工作时间两个系统进行。

一、工人工作时间

工人工作时间划分为定额时间和非定额时间两大类。工人工作时间示意图见图 2-2。

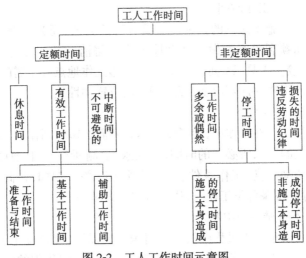

图 2-2 工人工作时间示意图

(一)定额时间

定额时间是指工人在正常施工条件下,为完成一定数量的产品或任务所必须消耗的工作时间。包括有效工作时间、休息时间、不可避免的中断时间。

1. 有效工作时间

是指与完成产品有直接关系的工作时间的消耗。包括准备与结束工作时间、基本工作时间、辅助工作时间。

(1)准备与结束工作时间

是指工人在执行任务前的准备工作和完成任务后的整理工作时间。如领取工具、材料、工作地点布置、检查安全措施,保养机械设备、清理工地,交接班等。准备与结束工作时间一般分班内的和

9

任务内的两种情况。

(2)基本工作时间

是指工人完成与产品生产直接有关的工作时间。例如,砌砖施工过程的挂线、铺灰浆、砌砖等工作时间。基本工作时间消耗与生产工艺、操作方法、工人的技术熟练程度有关,并且与任务量的大小成正比。

(3)辅助工作时间

是指与施工过程的技术作业没有直接关系,而为了保证基本工作时间顺利进行而做的辅助性工作所需消耗的工作时间。例如,修磨校验工具、移动工作梯、工人转移工作地点等所需的时间。辅助工作一般不改变产品的形状、位置和性能。

2. 休息时间

是指工人在工作中,为了恢复体力所需的短时间休息,以及由于生理上的要求所必需的时间(如喝水、上厕所等)。休息时间的长短与劳动强度、工作条件、工作性质等有关。例如,在高温、高空、有毒环境条件下工作时,休息时间应该多一些。

3. 不可避免的中断时间

是指由于施工过程中技术和组织上的原因,以及施工工艺特点所引起的工作中断时间。如汽车司机等待装卸货物的时间,安装工人等待构件起吊的时间等。

(二)非定额时间

1. 多余或偶然工作时间

是指在正常施工条件下不应发生的时间消耗或由于意外情况所引起的时间消耗。例如,拆除超过图示高度所砌的多余的墙体时间;现浇构件模板尺寸大小需要修改所需的时间。

2. 停工时间

停工时间包括由施工本身原因造成的停工和非施工本身造成的停工两种情况。

(1)施工本身造成的停工时间

是指由于施工组织和劳动组织不合理,材料供应不及时,施工准备工作做得不好而引起的停工。

(2)非施工本身造成的停工时间

是指由于外部原因影响,非施工单位的责任而引起的停工。包括,设计图纸不能及时交给施工单位,水电供应临时中断,由于气象条件(如大雨、风暴、严寒、酷热等)所造成的停工损失时间。

3. 违反劳动纪律损失的时间

是指工人不遵守劳动纪律而造成的时间损失。例如,在工作班内工人迟到、早退、闲谈、办私事等原因造成时间损失,以及包括由于个别工人违反劳动纪律而使别的工人无法工作的时间损失。

上述非定额时间,在编制定额时,一般不予考虑。

二、机械工作时间

机械工作时间的分类与工人工作时间的分类比较,不尽相同。例如,在有效工作时间中所包含的有效工作的内容不同。通过分析可以看到,这种不同点是由机械本身的特点所决定的。机械工作时间分类示意图见图2-3。

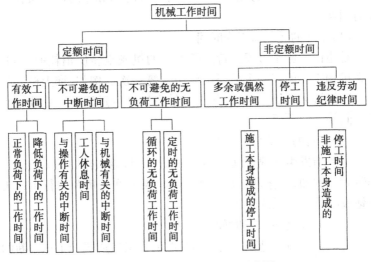

图2-3 机械工作时间分类示意图

(一)定额时间

1. 有效工作时间

有效工作时间包括正常负荷下和降低负荷下两种情况的工作时间消耗。

(1)正常负荷下的工作时间

是指机械在与机械使用说明书规定的负荷相等的正常负荷下进行的工作时间。在个别情况下,由于技术上的原因,机械可以在低于规定的负荷下工作,如汽车载运体积大而重量轻的货物时(象泡沫混凝土),不可能充分利用汽车的载重吨位,因而不得不降低负荷工作,此类情况也应视为在正常负荷下的工作。

(2)降低负荷下的工作时间

是指由于工人或管理人员的过失,造成机械在降低负荷情况下的工作时间。例如,工人装车的砂石数量不足,装入混凝土搅拌机的材料不够数量,引起汽车和搅拌机在降低负荷下工作。

2. 不可避免的无负荷工作时间

是指由于施工过程的特性和机械结构的特点所造成机械无负荷工作时间,一般分为循环的无负荷工作时间和定时的无负荷工作时间两类。

(1)循环的无负荷工作时间

是指由于施工过程的特点所引起的机械空转所消耗的时间,它在机构工作的每一个循环工作中重复一次。例如,推土机到达工作段终端后的倒车时间;起重机吊完构件后返回构件堆放地点的时间等。

(2)定时的无负荷工作时间

主要指发生在载重汽车、推土机、挖土机等工作中的无负荷工作时间。例如,工作班开始和结束时机械来回无负荷的行走或工作地段转移所消耗的时间。

3. 不可避免的中断时间

是指由于施工过程的技术和组织的因素造成机械工作中断的时间。

(1)与操作有关的中断时间

与操作有关的不可避免的中断时间一般有循环的和定时的两种。

循环的是指在机械工作的每个循环过程中重复一次。如，汽车装货、卸货的停歇时间。

定时的是指经过一定时间重复一次。如，水磨石机从一个工作地点转移到另一工作地点发生的中断时间。

(2)与机械有关的中断时间

是指用机械进行工作的工人，在准备与结束工作时，使机械暂停的中断时间，或者在维护保养机械时必须使其停转所发生的中断时间。

(3)工人休息时间

是指工人必需的休息时间。

(二)非定额时间

1．多余或偶然工作时间

多余或偶然工作时间包括，可避免的机械无负荷工作时间，指机械完成任务时无须包括的工作占用时间，例如，灰浆搅拌机工作时，工人没有及时供料而使机械空运转的延缓时间；机械在负荷下所做的多余工作，例如混凝土搅拌机搅拌混凝土时超过规定的时间。

2．停工时间

停工时间按其性质，分为以下两种。

(1)施工本身造成的停工时间

是指施工组织不合理或个人原因引起的机械停工时间。例如，没有施工工作面，未能及时给机械加水、加油，机械损坏等原因引起的机械停工时间。

(2)非施工本身造成的停工时间

是指由于外部的影响所引起的机械停工时间。例如，水源、电源中断(非施工原因)，气候条件的影响等原因引起的机械停工时间。

3．违反劳动纪律时间

由于工人违反劳动纪律而引起的机械停工时间。

第三章 技术测定法

第一节 概 述

技术测定法是一种科学的调查研究方法。它是通过施工过程的具体活动进行实地观察,详细记录工人和机械的工作时间消耗量、完成产品的数量及有关影响因素,并将记录结果进行科学地研究、分析、整理出可靠的原始数据资料,为制定定额提供可靠依据的一种科学的方法。

技术测定资料对于编制定额、科学组织施工、改进施工工艺、总结先进生产者的工作方法等方面,都具有十分重要的作用。

一、技术测定的准备工作

按照进行的先后顺序,技术测定的准备工作,一般包括以下内容:

1. 明确测定目的,正确选择测定对象

如前所述,技术测定的作用是多方面的。所以,我们在进行测定前,就应该首先明确测定目的。根据不同的测定目的选择测定对象,才能获得所需的技术测定资料。

(1)总结推广先进经验

如果为总结推广先进经验,则应选择先进班组(个人)或采用先进操作技术的班组(个人)作为测定对象。

(2)为了提高工效

如果为了帮助长期完不成企业定额的班组(个人)提高工效,则应选择长期完不成企业定额的班组(个人)作为测定对象。

(3)为了制定定额

如果为了制定企业定额,则应选择本企业有普遍代表性的班组(个人)作为测定对象。当然,也应选择一些比较先进和比较落后的部分班组(个人)作为参考。

2．熟悉施工过程

在明确了测定目标和选择好测定对象之后,测定人员应熟悉所测施工过程的施工图、施工方案、施工准备、产品特征、劳动组织、材料供应、操作方法等情况;熟悉编制定额的有关规定,现行建筑安装工程施工及验收规范、技术操作规程及安全操作规程等有关技术资料。只有掌握了上述有关情况、资料和有关规定后,才能做到心中有数,才能准确地划分所测施工过程的组成部分和详细记录有关影响因素,保证技术测定资料的质量。

3．划分施工过程的组成部分

将要测定的施工过程,分别按工序、操作或动作划分为若干组成部分。其目的是为了便于准确地记录时间和分析组成部分的合理性。

各组成部分划分的粗细程度,可以根据所采用的不同测定方法确定。

(1)写实记录法各组成部分划分

采用写实记录法时,施工过程的各组成部分一般按工序进行划分,同时还应选定各组成部分的计量单位。

计量单位的选定力求具体,能够比较正确地反映产品数量,并应注意计算方便和在不同施工过程中保持稳定。

例如,砌砖墙施工过程组成部分的划分和计量单位的选定如下:

组成部分名称	计量单位
拉　线	次
铲灰浆	m^3
铺灰浆	m^3
摆砖、砍砖	块
砌　砖	块

(2)测时法各组成部分划分

由于采用测时法时的精确度要求较高,所测施工过程的组成部分可以划分到操作。为了准确记录时间,保证测时的精确度,在划分组成部分的同时,还必须明确各组成部分之间的分界点,这个分界点通常称为"定时点"。定时点的确定可以是前一组成部分终了的那一点,也可以是后一组成部分开始的那一点。但是这一点的选择必须明显易于观察,并能保证延续时间的稳定。

例如,门框边挺机械打眼(用单头打眼机)的组成部分和定时点,可以划分如下:

组成部分名称	定 时 点
把边挺料放进卡具拧紧	手触门挺料
打眼和移位	手触打眼机操作柄
翻 料	松动卡具
打眼和移位	手触打眼机操作柄

(3)工作日写实法各组成部分划分

采用工作日写实法时,其组成部分则按定额时间和非定额时间划分。定额时间划分为:基本工作时间、辅助工作时间、准备与结束工作时间、休息时间、不可避免中断时间。非定额时间的具体划分可根据测定过程中实际出现的损失时间的原因来确定。

(4)简易测定法各组成部分划分

采用简易测定法时,其组成部分一般可划分为工作时间和损失时间两项即可。也有的不划分组成部分,仅观察损失时间,最后从延续时间中减去损失时间而得出定额时间。

4.测定工具的准备

为了满足测定过程中的实际需要,应准备好记录夹、测定所需的各种表格、计时器(表)、数码照相机或摄像机,以及其他的必需品。

除了上述工作外,在测定工作开展之前,应向基层管理干部和工人讲清楚技术测定的意义和作用,取得他们的配合和帮助,从思想上、组织上为开展好技术测定工作创造条件,做好准备工作。

二、因素反映

因素反映,就是调查并详述所测施工过程的有关基本因素。其目的在于对该施工过程从技术上和组织上做全面的鉴定和说明。这是技术测定过程中不可缺少的一项重要工作。各种测定方法(包括测时法、写实记录法、工作日写实法等)所取得的技术数据,与该施工过程有关的技术因素、组织因素及自然因素密切相关。在同一施工过程中,即使相同的施工条件下,由于不同的工人进行操作,其完成产品的工作时间消耗也会有很大的差别。这就要求在技术测定过程中详细地反映出所测施工过程有关因素的状态特点及其数值。只有准确地反映出所测施工过程的有关因素,测定资料的数据才具有使用价值。因此,每进行一次测定,应及时将所测施工过程的有关因素,填写在专用的"因素登记表"里,因素登记表(见表3-1)填写要求如下:

表中"调查号次"栏,可暂不填写,待汇总整理资料时,按各份资料的测定时间先后统一编号。

"施工过程名称"栏,一般应按现行劳动定额项目划分的名称填写。

"班组日常效率情况"栏,应按班组平时完成现行人工定额的情况进行填写。

"材料和产品的特征"栏,左半面填写材料类别、规格、质量、性能、产品特征等。右半面"产品略图"栏,绘制产品的外观形状、规格尺寸、部位等。

"工具、用具和机械特征"栏,填写所使用的工具和用具的必要资料,如使用新工具时应绘出图样;如有机械配合施工时,应将机械型号、性能、完好情况等说明。

"工作地点平面图"栏,绘出施工场地的平面布置图,标明施工面大小、机械和堆放材料的位置以及运输道路等情况。

"施工过程的组织说明"栏,填写劳动组织及分工,该施工过程与相邻施工过程在组织上的联系,工人的劳动态度和技术熟练程度,以及与施工组织有关的影响因素。

"施工过程的技术说明"栏,填写该施工过程的工作内容,各组成部分的操作方法,产品质量及安全措施等。

因 素 登 记 表　　　　　　表 3-1

施工单位名称			工 地 名 称		年　月　日	调查号次	页 次
							1

施工过程名称:

班组日常效率情况:　　　　　班组长姓名:

姓 名	年龄	文化程度	工种	等级	工　　龄		工资形式	附　　注
					一 般 的	本工种的		

材料和产品的特征		工具、用具和机械的特征
工作地点特征	施工过程的组织说明	施工过程的技术说明
工作位置		
温　　度		
天气情况		
照　　明		
采　　暖		
工作地点平面图		

制表者

第二节　测　时　法

测时法是一种精确度比较高的技术测定方法,主要适用于研究以循环形成不断重复进行的施工过程。它主要用于观测研究循环施工过程,组成部分的工作时间消耗,不研究工人休息、准备与结束工作及其他非循环施工过程的工作时间消耗。

采用测时法,可以为制定人工定额提供完成单位产品所必需的基本工作时间的可靠数据;可以分析研究工人的操作方法,总结先进经验,帮助工人班组提高劳动生产率。

测时法按记录时间的方法不同,分为选择测时法和连续测时法两种。

一、测时法

1. 选择测时法

选择测时法又叫间隔记时法或重点记时法。

采用选择测时法时,不是连续地测定施工过程全部循环工作的组成部分,而是每次有选择地、不按顺序测定其中某一组成部分的工时消耗。经过若干次选择测时后,直到填满表格中规定的测时次数,完成各个组成部分全部测时工作为止。

由于被观察的对象是循环施工过程,所以采用选择测时法,每次都有可能集中精力测定某一组成部分的工时消耗,经过不断反复测定,直到取得表格中所需的全部时间参数为止。

选择测时法记录时间的方法是,测定开始时,立即开动秒表,到预定的定时点时,即刻停止秒表,此刻显示的时间,即为所测组成部分的延续时间。当另一组成部分开始时,再开动秒表,如此循环测定。

选择测时法的观测精度较高,观测技术比较复杂。

表 3-2 所示为选择测时法所用的表格和具体实例。测定开始之前,应将预先划分好的组成部分和定时点填入表格内。在测时记录时,可以按施工组成部分的顺序将测得的时间填写在表格的时间栏目内,也可以有选择地将测得的施工组成部分的所需时间填入对应的栏目内,直到填满为止。

2. 连续测时法

连续测时法又称接续测时法。它是对施工过程循环组成部分进行不间断的连续测定,不能遗漏任何一个循环的组成部分。

连续测时法所测定的时间包括了施工过程中的全部循环时间,是在各组成部分相互联系中求出每一组成部分的延续时间的。这样,各组成部分延续时间之间的误差可以相互抵消,所以连续测时法是一种比较准确的方法。

选择法测时记录表 表 3-2

观察对象：大型屋面板吊装	施工单位	工地	日期	开始时间	终止时间	延续时间	观察号次	页次
				9:00	11:00	2h		

| 时间精度:1s | 施工过程名称:轮胎式起重机(QL$_3$-16 型)吊装大型屋面板 |

号次	组成部分名称	定时点	每次循环的工作消耗 单位:s/块										时间整理			产品数量	附注
			1	2	3	4	5	6	7	8	9	10	正常延续时间总和	正常循环次数	算术平均值		
1	挂钩	挂钩后松手离开吊钩	31	32	33	32	①43	30	33	33	33	32	289	9	32.1	每循环一次吊装大型屋面板一块,每块重1.5t	①挂了两次钩 ②吊钩下降高度不够,第一次未脱钩
2	上升回转	回转结束后停止	84	83	82	86	83	84	85	82	82	86	837	10	83.7		
3	下落就位	就位后停止	56	54	55	57	57	②69	56	57	56	54	502	9	55.8		
4	脱钩	脱钩后开始回升	41	43	40	41	39	42	42	38	41	41	408	10	40.8		
5	空钩回转	空钩回至构件堆放处	50	49	48	49	51	50	50	48	49	48	492	10	49.2		
												合计		261.6			

连续测时法在测定时间时使用具有辅助秒针的记时表。当测时开始时,立即开动秒表测到预定的定时点,这时辅助针停止转动,辅助针停止的位置即组成部分的时间点,记录下时间点后使辅助针继续转动,至下一个组成部分定时点再停止辅助针,记录时间点(辅助针停止时,计时表仍在继续走动),如此不间断地测时,直到全部过程测完为止。

在测定开始之前,亦需将预先划分的组成部分和定时点分别填入测时表格内。每次测时时,将组成部分的终止时间点填入表格,测时结束后再根据后一组成部分的终止时间计算出后一组成部分的延续时间,并将其填入表格中。表 3-3 所示为连续测时法的具体实例。

表3-3 接续法测时记录表

| 观察:人力胶轮车 对象:运标准砖 时间精度:1s | 施工单位 | 工地 | 日期 | 施工过程名称:人力双轮车运标准砖(运距25m) | 开始时间 8:00 | 终止时间 10:13 | 延续时间 2h13min | 观察号次 | 页次 备注 |

号次	组成部分名称	时间	观察次数 1	2	3	4	5	6	7	8	9	10	时间整理 时间总和	观察次数	算术平均值	产品数量	备注
			min s	min s	min s	min s	min s	min s	min s	min s	min s	min s					
1	装车	终止时间	5 50	19 25	32 43	46 18	59 44	12 57	26 13	39 29	53 03	6 22					
		延续时间	350	360	345	353	348	347	351	340	355	352	3501	10	350.1		
2	运走	终止时间	6 50	20 26	33 41	47 19	0 43	13 55	27 15	40 29	54 02	7 24					
		延续时间	60	61	58	61	59	58	65	60	59	62	600	10	50	每车运100块标准砖	
3	卸车	终止时间	12 30	26 01	39 29	53 00	6 15	19 28	32 54	46 12	59 33	12 58					
		延续时间	340	335	348	341	332	333	339	343	331	334	3376	10	337.6		
4	空回	终止时间	13 25	26 58	40 25	53 56	7 10	20 22	33 49	47 08	0 30	13 53					
		延续时间	55	57	56	56	55	54	55	56	57	55	556	10	55.6		
													合计805.3				

二、测时法的观察次数

在对施工过程进行测时时,观测次数的多少直接影响测时资料的精确度。因此,如何确定必需的观察次数,是一个需要研究解决的问题。实践证明,在使用测时法时,尽管选择了比较正常的施工条件,但所测得的时间数列中,各组成部分的延续时间总是不会完全相等。这种偏差主要是由于施工过程中各种因素共同作用造成的。因此,在测时过程中需要解决一个实际问题,就是每组观察对象中各组成部分应观察多少次才能取得比较准确的数值。一般来说,观察的次数越多,资料的准确性越高,但花费的时间和人力也多。为了确定必要而又能保证测时资料准确性的观察次数,我们提供了测时所必需的观察次数表(见表3-4)和有关精确度的计算方法,可供测定过程中检查所测次数是否满足需要。

测时法所必需的观察次数表　　　　　　表 3-4

精确度要求 稳定系数 K_p	算术平均值精确度(%) E				
	5 以内	7 以内	10 以内	15 以内	20 以内
1.5	9	6	5	5	5
2	16	11	7	5	5
2.5	23	15	10	6	5
3	30	18	12	8	6
4	39	25	15	10	7
5	47	31	19	11	8

表中稳定系数　　　　$K_p = \dfrac{t_{\max}}{t_{\min}}$

式中　$t_{\max}$——最大观测值;

$t_{\min}$——最小观测值。

算术平均值精确度计算公式为:

$$E = \pm \frac{1}{x}\sqrt{\frac{\sum \Delta^2}{n(n-1)}}$$

式中　E——算术平均值精确度；
　　　$\overline{x}$——算术平均值；
　　　n——观测次数；
　　　Δ——每一次观测值与算术平均值的偏差；
　　　$\sum \Delta^2 = \sum_{i=1}^{n}(x_i - \overline{x})^2$。

【例 3-1】 根据表 3-2 所测数据，试计算该施工过程的算术平均值，算术平均值精确度和稳定系数，并判断观测此数是否满足要求。

解：a. 吊装大型层面板挂钩

$$\overline{X} = \frac{1}{9}(31+32+33+32+30+33+33+33+32) = 32.1$$

$$\sum \Delta^2 = (31-32.1)^2 + (32-32.1)^2 + (33-32.1)^2$$
$$+ (32-32.1)^2 + (30-32.1)^2 + (33-32.1)^2$$
$$+ (33-32.1)^2 + (33-32.1)^2 + (32-32.1)^2$$
$$= 8.89$$

$$E = \pm \frac{1}{32.1}\sqrt{\frac{8.89}{9(9-1)}} = \pm 1.09\%$$

$$K_p = \frac{33}{30} = 1.10$$

查表 3-4 可知，观测次数满足要求。

b. 上升回转

$$\overline{X} = \frac{1}{10}(84+83+82+86+83+84+85+82+82+86) = 83.7$$

$$\sum \Delta^2 = (84-83.7)^2 + (83-83.7)^2 + (82-83.7)^2$$
$$+ (86-83.7)^2 + (83-83.7)^2 + (84-83.7)^2$$
$$+ (85-83.7)^2 + (82-83.7)^2 + (82-83.7)^2$$
$$+ (86-83.7)^2 = 22.1$$

$$E = \pm \frac{1}{83.7}\sqrt{\frac{22.1}{10(10-1)}} = \pm 0.59\%$$

$$K_p = \frac{86}{82} = 1.05$$

查表 3-4 可知,观测次数满足要求。

c. 下落就位

$$\overline{X} = (56+54+55+57+57+56+57+56+54) \times \frac{1}{9} = 55.8$$

$$\begin{aligned}\sum \Delta^2 &= (56-55.8)^2 + (54-55.8)^2 + (55-55.8)^2 \\ &\quad + (57-55.8)^2 + (57-55.8)^2 + (56-55.8)^2 \\ &\quad + (57-55.8)^2 + (56-55.8)^2 + (54-55.8)^2 \\ &= 11.56\end{aligned}$$

$$E = \pm \frac{1}{55.8}\sqrt{\frac{11.56}{9(9-1)}} = \pm 0.72\%$$

$$K_p = \frac{57}{54} = 1.06$$

查表 3-4 可知,观测次数满足要求。

d. 脱钩

$$\overline{X} = \frac{1}{10}(41+43+40+41+39+42+42+38+41+41) = 40.8$$

$$\begin{aligned}\sum \Delta^2 &= (41-40.8)^2 + (43-40.8)^2 + (40-40.8)^2 \\ &\quad + (41-40.8)^2 + (39-40.8)^2 + (42-40.8)^2 \\ &\quad + (42-40.8)^2 + (38-40.8)^2 + (41-40.8)^2 \\ &\quad + (41-40.8)^2 = 19.6\end{aligned}$$

$$E = \pm \frac{1}{40.8}\sqrt{\frac{19.6}{10(10-1)}} = \pm 1.14\%$$

$$K_p = \frac{43}{39} = 1.10$$

查表 3-4 可知,观测次数满足要求。

e. 空钩回转

$$\overline{X} = \frac{1}{10}(50+49+48+49+51+50+50+48+49+48) = 49.2$$

$$\sum \Delta^2 = (50-49.2)^2 + (49-49.2)^2 + (48-49.2)^2$$

$$+ (49-49.2)^2 + (51-49.2)^2 + (50-49.2)^2$$
$$+ (50-49.2)^2 + (48-49.2)^2 + (49-49.2)^2$$
$$+ (48-49.2)^2 = 9.60$$

$$E = \pm \frac{1}{49.2} \sqrt{\frac{9.60}{10(10-1)}} = \pm 0.66\%$$

$$K_p = \frac{51}{48} = 1.06$$

查表 3-4 可知,观测次数满足要求。

三、测时数据的整理

测时数据的整理,一般可采用算术平均法。对测时数列中个别延续时间误差较大数值,在整理测时数据时可进行必要的清理,删去那些显然是错误以及误差很大的数值。

在清理测时数列时,应首先删掉完全是由于人为因素影响而出现的偏差,如工作时间闲谈,材料供应不及时造成的等候,测定人员记录时间的疏忽等,应全部予以删掉。其次,应去掉由于施工因素的影响而出现的偏差极大的延续时间。如手压刨刨料碰到节疤极多的木板,挖土机挖土时挖斗的边齿刮到大石块上等。此类误差大的数值还不能认为完全无用,可作为该项施工因素影响的资料,进行专门研究。

清理误差较大的数值时,不能单凭主观想象,也不能预先规定出偏差的百分比。为了妥善清理这些误差,可参照下列调整系数表(见表 3-5)和误差极限算式进行。

误差调整系数 K 值表　　　　表 3-5

观察次数	调整系数	观察次数	调整系数
5	1.3	11~15	0.9
6	1.2	16~30	0.8
7~8	1.1	31~53	0.7
9~10	1.0	53 以上	0.6

极限算式为:

$$\lim\nolimits_{\max} = \overline{X} + K(t_{\max} - t_{\min})$$

$$\lim_{\min} = \overline{X} - K(t_{\max} - t_{\min})$$

式中　$\lim_{\max}$——最大极限；

$\lim_{\min}$——最小极限；

K——调整系数(由表3-5查用)。

清理的方法是,首先从数列中删去人为因素的影响而出现的误差极大的数值,然后根据保留下来的测时数列值,试抽去误差极大的可疑数值,用表3-5和极限算式求出最大极限或最小极限,最后再从数列中抽去最大或最小极限之外误差极大的可疑数值。

例如,从表3-2中号次1挂钩组成部分测时数列中的数值为31、32、33、32、43、30、33、33、32。在这个数列中误差大的可疑数值为43。根据上述方法,先抽去43这个数值,然后用极限算式计算其最大极限。计算过程如下:

$$\overline{X} = \frac{31+32+33+32+30+33+33+33+32}{9} = 32.1$$

$$\lim_{\max} = \overline{X} + K(t_{\max} - t_{\min})$$
$$= 32.1 + 1.0 \times (33 - 30)$$
$$= 35.1$$

由于43＞35.1,显然应该从数列中抽去可疑数值43,所求算术平均修正值为32.1。

如果一个测时数列中有两个误差大的可疑数值时,应从最大的一个数值开始连续校验(每次只能抽出一个数值)。测时数列中如果有两个以上可疑数值时,应予抛弃,重新进行观测。

测时数列经过整理后,将保留下来的数值计算出算术平均值,填入测时记录表的算术平均值栏内,作为该组成部分在相应条件下所确定的延续时间。

测时记录表中的"时间总和"栏和"循环次数"栏,亦应按清理后的合计数填入。

第三节 写实记录法

写实记录法是技术测定的方法之一。它可以用来研究所有性质的工作时间消耗。包括基本工作时间、辅助工作时间、不可避免中断时间、准备与结束工作时间、休息时间以及各种损失时间。通过写实记录可以获得分析工作时间消耗和制定定额时所必需的全部资料。该方法比较简单,易于掌握,并能保证必要的精确度。因此,写实记录法在实际工作中得到广泛采用。

写实记录法分为个人写实记录和小组写实记录两种。由个人单独操作或产品数量可单独计算时,采用个人写实记录。如果由小组集体操作,而产品数量又无法单独计算时,可采用集体写实记录。

写实记录法记录时间的方法有数示法、图示法和混合法三种。计时工具采用有秒针的普通计时表即可。

一、数示法

数示法是采用直接用数字记录时间的方法。这种方法可同时对两个以内的工人进行测定。该方法适用于组成部分较少且比较稳定的施工过程。

数示法的填表方法为:

1. 将拟定好的所测施工过程的全部组成部分,按其操作的先后顺序填写在第②栏中,并将各组成部分的编号依次填入第一栏内(见表3-6)。

2. 第③栏填写工作时间消耗的组成部分的号次,其号次应根据第①、②栏的内容填写,测定一个填写一个。

3. 第④、⑤栏中,填写每个组成部分的起止时间。

4. 第⑥栏应在观察结束之后填写,将某一组成部分的终止时间减去前一组成部分的终止时间即得到该组成部分的延续时间。

5. 第⑦、⑧栏分别填入该组成部分的计量单位和产量。

6. 第⑨栏填写有关说明和实际完成的总产量。

数示法写实记录表 表 3-6

观察者：

工程名称	开始时间	8时20分	延续时间	43min40s	调查号次	1
施工单位	终止时间	9时3分40秒	记录时间		页次	1/3

施工过程：双轮车运土方；运距200m　　观察对象：赵××

号次	施工过程组成部分名称	组成部分号次	起止时间 时—分	起止时间 秒	延续时间	完成产量 计量单位	完成产量 数量	附 注
①	②	③	④	⑤	⑥	⑦	⑧	⑨
1	装土	×	8—20	0				
2	运输	1	22	50	2′50″	m²	0.288	每次产量：
3	卸土	2	26	0	3′10″	次	1	V=每次容积
4	空返	3	27	20	1′20″	m³	0.288	$=1.2\times0.6\times0.4$
5	等候装土	4	30	0	2′40″	次	1	$=0.288m^3$/次
6	喝水	5	31	40	1′40″			
		1	35	0	3′20″			共运4车
		2	38	30	3′30″			$0.288\times4=1.152m^3$
		3	39	30	1′0″			注：按松土计算
		4	42	0	2′30″			
		1	45	10	3′10″			
		2	47	30	2′20″			
		3	48	45	1′15″			
		4	51	30	2′45″			
		1	55	0	3′30″			
		2	58	0	3′0″			
		3	59	10	1′10″			
		4	9—02	05	2′55″			
		6	03	40	1′35″			
					43′40″			

二、图示法

图示法是用表格画不同类型线条的方式来表示完成施工过程所需时间的方法。该方法适用于观察3个以内的工人共同完成某一产品施工过程，与数示法相比具有记录时间简便、明了的优点。

图示法写实记录表的填写方法如下(见表3-7)。

图示法写实记录表

表 3-7

工地名称	×××	开始时间	8:00	延续时间	1h	调查号次	1
施工单位	×××	终止时间	9:00	记录日期	2003.7.5	页次	
施工过程	砌1砖厚单面清水墙			观察对象	张×××（四级工）、王××（三级工）		

号次	各组成部分名称	时间 (min) 5 10 15 20 25 30 35 40 45 50 55 60	小计 (min)	附注 产品数量
1	挂线		12	
2	铲灰浆		22	
3	铺灰浆		27	
4	摆砖、砍砖		28	
5	砌砖		31	0.48m³
	合计		120	

观察者：

表中划分为许多小格,每格为1min,每张表可记录1h的时间消耗。为了记录方便,每5个小格和每10个小格都有长线和数字标记。

表中的号次和各组成部分名称栏内,按所测施工过程组成部分出现的先后顺序填写,以便记录时间的线段相连接。

记录时间时,用铅笔或有色笔在各组成部分相应的横行中画直线段,每个工人一条线,每一线段的始末端应与该组成部分的开始时间和终止时间相符合。工作一分钟,直线段延伸一个小格,测定两个或两个以上的工人工作时,最好使用粗、细线段或不同颜色的笔画线段,以便区分各个工人的工作时间。当工人的操作由某组成部分转入到另一组成部分时,时间线段亦应随时改变其位置,并将前一线段的末端画一垂直线与后一线段的始端相连接。

产品数量栏按各组成部分的计量单位和所完成的产量填写。

附注栏应简明扼要地说明影响因素和造成非定额时间产生的原因。

时间小计栏在观察结束后,及时将每一组成部分所消耗的时间加总后填入。最后将各小计加总后填入合计栏内。

三、混合法

混合法写实记录时间是吸取了数示法和图示法的优点而设计的一种测时方法。该方法的特点是,用图示法表格记录施工过程各组成部分的延续时间,而完成每一组成部分的工人人数则用数字表示。

混合法适用于同时观察3个及3个以上工人工作时的集体写实记录。其优点是比较经济、简便。

混合法记录时间应采用混合法写实记录表,其填表方法见表3-8。

表中号次和各组成部分的名称栏中内容的填写方法与图示法相同。所测施工过程各组成部分的延续时间,用相应的直线段表示,完成该组成部分的工人人数用数字填写在该时间段直线的上面,当某一组成部分的工人人数发生变化时,应立即将变动后的人

混合法写实记录表

表 3-8

观察对象: 砖工 六级工 1 人、四级工 1 人、三级工 3 人		施工单位名称 ×× ×		日 期 2003.7.5	开始时间 8:00	终止时间 9:00	延续时间 1h	页 次 ××
		工作过程名称: 砌一砖厚标准砖墙						
号次	各组成部分名称	5 10 15 20 25 30 35 40 45 50 55				时间小计	产品数量	附注
1	挂线					6	完成产品数量按半个工作班计算 8.45m³	ⓐ因运灰浆耽误的停工时间
2	铲灰浆					6		
3	铺灰浆					40		
4	摆砖、砍砖					48		
5	砌砖					115		ⓑ小组工人迟到 5min
6	工人转移					17		
7	休息					18		
8	施工本身停工					25		
9	违反劳动纪律					25		
				合 计		300		

观察 复核

数填在线段表示部位的变动处。应该注意,当某一组成部分的工人人数发生变动时,必然会引起另一组成部分或数个组成部分中工人人数的变动。因此,在观察过程中,应随时核对各组成部分在同一时间内的工人人数,是否等于观察对象的总人数,如发现人数不符时,应立即纠正。

应该说明,混合法记录时间,不论测定多少工人的工作时间,在所测施工过程各组成部分的时间栏内,只用一条直线表示。当工人由某组成部分转向另一组成部分时,不作垂直线连接。

产品数量和附注栏的填写方法同图示法。

混合法写实记录表整理数据时,应将所测施工过程每一组成部分中各个线段的时间分别计算出来,即将工人人数与他们的工作时间相乘,然后将所得各值相加,求出某一组成部分的时间消耗小计,填入时间小计栏内。最后将各组成部分的时间小计加总后,填入合计栏内。

第四节 工作日写实法

工作日写实法,是对工人在整个工作日中的工时利用情况,按照时间消耗的顺序,进行实地观察、记录和分析研究的一种测定方法。它可以为制定人工定额提供必需的准备与结束工作时间、休息时间和不可避免的中断时间等资料。

工作日写实法的主要作用是,在详细调查工时利用情况的基础上,分析哪些时间消耗对生产是有效的,哪些时间消耗是无效的,进而找出工时损失的原因,拟定改进的技术和组织措施,消除引起工时损失的因素,促进劳动生产率的提高,同时为编制定额提供基础资料。

工作日写实法,按写实的对象不同,可分为个人工作日写实、小组工作日和机械工作日写实。小组工作日写实是测定一个小组的工人在工作日内的工时消耗,它可以是相同工种的工人,也可以是不同工种的工人。前者是为了取得同工种工人的工时消耗资料;后者是为了取得小组定员和改善劳动组织的资料。机械工作日写实是测定某一机械在一个台班内机械效能发挥的程度,以及配合工作的劳动组织是否合理,其目的在于最大限度地发挥机械的效能。

一、工作日写实法的基本要求

1. 因素登记

由于工作日写实主要研究工时利用和损失时间,不按工序研究基本工作时间和辅助工作时间的消耗。因此,在填写因素登记表时,应对施工过程的组织和技术进行简单说明。

2. 时间记录

个人工作日写实采用图示法记录时间;小组工作日写实采用混合法记录时间;机械工作日写实采用混合法或数示法记录时间。

3. 延续时间

工作日写实法以一个工作日为准,如其完成产品的时间消耗大于8h时,则应酌情延长观察时间。

4. 观察次数

工作日写实法的观察次数,应根据不同的目的要求确定。一般来说,如为了总结先进工人的工时利用经验,应测定1~2次;为了掌握工时利用情况或制定定额,应测3~5次;为了分析造成损失时间的原因,改进施工管理,应测定1~3次。这样,才能取得所需的有价值的资料。

二、工作日写实记录结果的整理

工作日写实记录的结果,采用专门的工作日写实结果表(见表3-9)。

表中,工时消耗分类栏,按定额时间和非定额时间分类预先印好。施工过程中的问题与建议栏,应根据工作日写实记录资料,分析造成非定额时间的有关因素,提出切实可行、有效的技术与组织措施的建议。在研究和拟定具体措施时,要注意听取有关技术人员、施工管理人员和工人的意见,尽可能使改进意见符合客观实际情况。

工作日写实结果表

表 3-9

施工单位名称	测定日期	延续时间	调查号次	页 次
	03年8月3日	8h30min	1	2
施工过程名称	钢筋混凝土直形墙模板安装			

工 时 消 耗 表

序号	工时消耗分类	时间消耗	百分比	施工过程中的问题与建议
	Ⅰ．定额时间			本资料造成非定额时间的原因主要是：
1	基本工作时间：适用于技术水平的	1128	73.73	1．劳动组织不合理，开始一个小时由3人操作，后7.50h由4人操作，在实际工作中经常出现一人等工的现象
2	不适于技术水平的	—	—	
3	辅助工作时间	51	3.33	
4	准备与结束时间	16	1.05	
5	休息时间	11	0.72	
6	不可避免的中断时间	8	0.52	
7	合　　计	1214	79.35	2．等材料，上班后领料时未找到材料员而造成等工
	Ⅱ．非定额时间			
8	由于劳动组织的缺点而停工	18	1.18	
9	由于缺乏材料而停工	104	6.80	3．产品不符合要求返工，由于技术要求马虎，工人对产品规格要求也未真正弄清楚，结果造成返工
10	由于工作地点未准备好而停工			
11	由于机具设备不正常而停工			
12	产品质量不符返工	128	8.36	
13	偶然停工（包括停电、水、暴风雨）			
14	违反劳动纪律	66	4.31	4．违反劳动纪律，主要是迟上班和工作时间聊天
15	其他损失时间			
16	合　　计	316	20.65	
17	时间消耗总计	1530	100.00	建议：切实加强施工管理工作，班前要认真做好技术交底，职能人员要坚守工作岗位，保证材料及时供应，并应预先办好领料手续，提前领料，科学地按定额规定安排劳动力，加强劳动纪律教育，按时上班，集中思想工作 经认真改善后，劳动效率可提高26%左右

完 成 定 额 情 况

定额编号	§8-4-45	完成产品数量	53.15m²
定额工时	单　　位	0.51工日/10m²	
	总　　计	2.71	
完成定额情况	实际：$\frac{2.71 \times 8 \times 60}{1530} \times 100\% = 85.02\%$		
	可能：$\frac{2.71 \times 8 \times 60}{1214} \times 100\% = 107.15\%$		

工作日写实结果表的主要内容填写步骤为：

1．根据观测资料将定额时间和非定额时间的消耗（以分为单

位)填入时间消耗栏内,并分别合计和总计;

2. 根据各定额时间和非定额时间的消耗量和时间总消耗量分别计算各部分的百分比;

3. 将工作日内完成产品的数量统计后,填入完成情况表中的完成产品数量栏内;

4. 查用人工定额编号和内容,将定额工时消耗量填入定额工时的单位栏内;

5. 根据完成产品数量和定额的单位用量计算总工时消耗量;

6. 根据定额总工时消耗量和实际工时消耗量计算完成定额情况;

7. 将施工过程中的问题与建议填入表内。

三、工作日写实结果汇总

工作日写实结果的汇总见表 3-10。该表将同一工作,不同施工过程的时间消耗百分率汇总在一张表上,供编制定额时使用。

表中加权平均值的计算方法为:

$$\overline{X} = \frac{\sum R \cdot P}{\sum R}$$

式中 $\overline{X}$——加权平均值;

R——各工作日写实结果表中的人数;

P——各类工时消耗百分比。

【例 3-2】 表 3-10 中,各工作日写实结果中的人数分别为 3、2、3、4 人,基本工作时间消耗的百分率为 73.73%、75.91%、62.80%、91.22%,求加权平均百分率。

解: $\overline{X} = \dfrac{\sum R \cdot P}{\sum R}$

$= \dfrac{3 \times 73.73 + 2 \times 75.91 + 3 \times 62.80 + 4 \times 91.22}{3+2+3+4}$

$= 77.19\%$

工作日写实结果汇总表 表 3-10

施工单位名称					工 种	木 工	
测定日期	03.8.3	03.6.2	03.6.7	03.7.2	加权平均值		备注
延续时间	8.5h	8h	8h	8h			
工作名称	安墙模	安基础模	安杯基模	安杯基模			
班(组)长姓名	赵××	潘××	朱××	李××			
班(组)人数	3人	2人	3人	4人			

序号	工时消耗分类	时间消耗百分比					备注
	Ⅰ．定额时间						
1	基本工作时间：适于技术水平	73.73	75.91	62.80	91.22	77.19	
2	不适于技术水平	—	—	—	—	—	
3	辅助工作时间	3.33	1.88	2.35	1.48	2.23	
4	准备与结束时间	1.05	1.90	2.60	0.56	1.42	
5	休息时间	0.72	3.77	2.98	4.18	2.95	
6	不可避免中断时间	0.52	—	—	—	0.12	
7	合　计	79.35	83.46	70.73	97.44	83.91	
	Ⅱ．非定额时间						
8	由于劳动组织的缺点而停工	1.18	7.74	—	—	1.59	
9	由于缺乏材料而停工	6.80	—	12.40	—	4.80	
10	由于工作地点未准备好而停工	—	3.52	5.91	—	2.06	
11	由于机具设备不正常而停工	—	—	—	—	—	
12	偶然停工(停电、水、暴风雨)	—	—	3.24	—	0.81	
13	产品质量不符返工	8.36	5.28	—	1.60	3.50	
14	违反劳动纪律	4.31	—	7.72	0.96	3.33	
15	其他损失时间	—	—	—	—	—	
16	合　计	20.65	16.54	29.27	2.56	16.09	
17	消费时间总计	100.00	100.00	100.00	100.00	100.00	

| 完成定额百分比 | 实际(包括损失) | 85.02% | 112% | 84% | 123% | 101.92% | |
| | 可能(不包括损失) | 107.15% | 129% | 118% | 126% | 119.79% | |

第五节　简易测定法

所谓简易测定法，就是对前述几种测定方法予以简化，但仍然保持了现场实地观察记录的基本原则。它的特点是：方法简便，易于掌握,花费人力少。该方法在为了掌握某工种的定额完成情况,制定企业补充定额时经常采用。简易测定法的不足之处是精确度较低。

一、时间记录

简易测定法采用混合法表格的格式记录时间消耗(见表3-11),该表中,每一小格为15min,每一横行可记录10个小时。每张表可以对同一施工过程测3~4次。表中因素说明栏的主要内容是:工作内容、操作方法、使用机具、使用材料、产品特征、质量情况、劳动态度以及造成损失时间的原因等。

二、简易测定结果汇总

简易测定结果表(见表3-12)的填写方法为:

1. 表中施工日期、劳动组织、完成产品数量、工时消耗等栏,均按简易测定记录表中的内容填写。

2. 工时消耗栏中,包括损失的消耗是指2个工人消耗的全部时间,不包括损失的消耗是指简易测定记录表中总计工时消耗。

3. 单位产品所需时间栏中,实际时间根据"包括损失时间"除以产品数量求得,可能时间根据"不包括损失时间"除以产品数量求得,"现行定额"根据查§16-3-54定额取得。

4. 单位产品内所需时间栏内,"实际"时间 $0.668 = (0.624 + 0.671 + 0.709) \div 3$,"可能"时间 $0.534 = (0.500 + 0.536 + 0.565) \div 3$。

5. 完成定额情况栏中,"实际"百分比 $115.12\% = 0.769 \div 0.668$,"可能"百分比 $144.01\% = 0.769 \div 0.534$。

6. 工人讨论意见栏是根据工人讨论提出具体意见,并与现行定额比较后确定的数值。

7. 表下的汇总说明,主要是完成定额情况对比,有关工作内容及附加说明,工人讨论提高或降低定额水平的原因,测定人员对本资料的评价等。

因素说明:

1. 本资料包括:摆放定位、吊正、找平、固定支撑等工作内容,

简易测定记录表

表 3-11 页次 1

日期	施工单位名称 ×××	调查号次	延续时间	工程名称 手工木作工程	工种 木工	工作队(小组)长姓名及情况 一般											单位	完成产品数量
				施工过程名称	小组成员	工时类别	消耗工时(每小格15min) 8:00 9:00 10:00 11:00 12:00 13:00 14:00 15:00 16:00 17:00 18:00									总计(工时)	
02.12.13		1	6h 15min	窗框安装(周长6m以内)	五—1 四—1		2 2 2 1 2 1 2 1 2 1 2 1 2									10.25 2.25	樘	25
02.12.14		2	7h 30min	同上	五—1 四—1		2 2 2 1 1 1 2 1 1 1 1									12.25 2.75	樘	28
02.12.16		3	6h 30min	同上	五—1 四—1		2 2 2 1 2 1 2 1									10.5 2.5	樘	23

未包括钉护口条。

2．手工操作采用一般工具。

3．实行计件工资制,劳动态度正常。

4．质量符合要求。

5．损失时间主要是其他工作和闲谈。

简易测定结果汇总表　　　　　　表 3-12

项目名称	窗框安装(6m 以内)			计量单位	定额编号
				10 樘	§16-3-54
施工日期	02.12.13	02.12.14	02.12.16	结	论
劳动组织	五级工—1 四级工—1	五级工—1 四级工—1	五级工—1 四级工—1	调查次数	3
完成产品数量	2.5	2.8	2.3	单位产品内所需时间(工日) 实际	0.668
工时消耗 (工日) 包括损失	1.56	1.88	1.63	可能	0.534
工时消耗 (工日) 不包括损失	1.25	1.50	1.30	完成定额情况 (%) 实际	115.12
单位产品所需时间 (工日) 实际(包括损失)	0.624	0.671	0.709	可能	144.01
单位产品所需时间 (工日) 可能(不包括损失)	0.500	0.536	0.565	工人讨论意见(工日)	0.769
单位产品所需时间 (工日) 现行定额	0.769			比现实行定额提高或降低%	±0

说明:现行定额中包括钉护口条(不钉者不减工),但本资料工作内容中未钉护口条,超额幅度较大,所以工人在讨论中认为,现行定额水平比较符合实际,若不钉护口条者,可适当减工

制表者：

第四章　理论计算法

第一节　砌体材料用量计算

一、标准砖墙体材料用量计算

标准砖墙体材料用量计算包括标准砖用量和砌筑砂浆用量计算。

1. 墙体标准砖用量计算

(1)计算公式

$$\frac{每立方米墙体}{标准砖净用量}(块) = \frac{2 \times 墙厚的砖数}{墙厚 \times (砖长 + 灰缝) \times (砖厚 + 灰缝)}$$

由于标准砖尺寸为 240mm×115mm×53mm,当灰缝取定为 10mm 时,上式可以写成:

$$\frac{每立方米墙体}{标准砖净用量}(块) = \frac{2 \times 墙厚的砖数}{墙厚 \times (0.24 + 0.01) \times (0.053 + 0.01)}$$

$$= \frac{2 \times 墙厚的砖数}{墙厚 \times 0.25 \times 0.063}$$

(2)计算公式解读

上述公式的物理意义如何理解,我们对公式的分解来一步步的解读。

第一步,公式分母"墙厚×0.25×0.063"的含义,表达了在砌体中包含灰缝的具有代表性的"标准块"体积,240mm 厚砖墙的标准块意义见图 4-1。所谓标准块是指,该砌体可以用标准块砌成。

第二步,确定一立方米砌体有多少这样的标准块,计算方法是:$\dfrac{1\text{m}^3}{墙厚 \times 0.25 \times 0.063}$

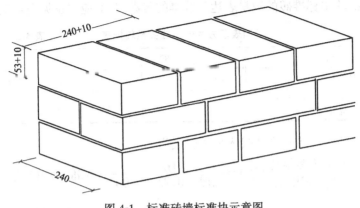

图 4-1 标准砖墙标准块示意图

第三步,确定每个标准块中有几块标准砖。因为墙厚不同时,每个标准块中标准砖的数量是不同的,常见墙厚的标准块中标准砖数量见表 4-1。

	常见墙厚的标准块中标准砖数量				表 4-1
墙厚(mm)	115	180	240	365	490
标准块中标准砖数量	1	1.5	2	3	4

例如,当墙厚为 240mm 时,每个标准块的标准砖数量为 2 块,则每立方米砌体中标准砖数量为:

$$\frac{1m^3}{墙厚 \times 0.25 \times 0.063} \times 标准块中砖数 = \frac{1}{0.24 \times 0.25 \times 0.063} \times 2$$

$$= \frac{2}{0.00378} = 529.1 \text{ 块}/m^3$$

第四步,通过分析我们知道,不同墙厚标准块中标准砖的数量与标准砖的长度有关,也就是说,可以用标准砖的长度来表达墙厚。例如,115mm 厚砖墙的墙厚是标准砖的长度的一半,称为半砖墙,180mm 厚砖墙的墙厚是标准砖长度的 0.75 倍,称为 $\frac{3}{4}$ 砖墙,240mm 厚砖墙的墙厚是一个标准砖长度,称为一砖墙,诸如此类。这时,我们用砖长来表示墙厚,就可以用该方法将不同墙厚的标准块中标准砖的数量表达为墙厚的砖数,其对应关系见表 4-2。

不同表示方式的对应关系转换表　　　表 4-2

墙厚(mm)	115	180	240	365	490
墙厚的砖数	0.5	0.75	1	1.5	2.0
标准块中标准砖数量（墙厚的砖数×2）	1	1.5	2.0	3.0	4.0

将这一表达方式代入公式就成为:

$$\text{每立方米墙体标准砖用量(块)} = \frac{1\text{m}^3}{\text{墙厚} \times 0.25 \times 0.063} \times \text{标准块中砖数}$$

$$= \frac{1\text{m}^3}{\text{墙厚} \times 0.25 \times 0.063} \times 2 \times \text{墙厚的砖数}$$

$$= \frac{2 \times \text{墙厚的砖数}}{\text{墙厚} \times 0.25 \times 0.063}$$

(3)计算实例

【例 4-1】 计算一立方米 365mm 厚标准砖墙的砖净用量(灰缝为 10mm)。

解:$\text{每立方米一砖半厚墙体标准砖净用量} = \frac{2 \times 1.5}{0.365 \times 0.25 \times 0.063} = 521.9 \text{块}/\text{m}^3$

2. 标准砖墙砌筑砂浆用量计算

(1)计算公式

$\text{每立方米标准砖墙砌筑砂浆用量}(\text{m}^3) = 1\text{m}^3 \text{砌体} - 1\text{m}^3 \text{砌体标准砖净体积}$

$= 1 - 0.24 \times 0.115 \times 0.053 \times \text{标准砖数量}$

$= 1 - 0.0014628 \times \text{标准砖数量}$

(2)计算实例

【例 4-2】 分别计算 240mm 厚砖墙标准砖和砌筑砂浆净用量。

解:$\text{每立方米 240 厚砖墙标准砖净用量} = \frac{2 \times 1}{0.24 \times 0.25 \times 0.063} = 529.1 \text{块}/\text{m}^3$

$\text{每立方米 240 厚砖墙砌筑砂浆净用量} = 1 - 0.0014628 \times 529.1$

$$= 0.266 \text{m}^3/\text{m}^3$$

二、砌块墙材料用量计算

砌块墙材料用量计算包括砌块用量和砌筑砂浆用量计算。

1. 墙体砌块用量计算

(1) 计算公式

$$\text{每立方米墙体砌块净用量}(\text{块}) = \frac{\text{标准块中砌块用量}}{\text{标准块(含灰缝)的体积}}$$

$$= \frac{\text{标准块中砌块用量}}{\text{墙厚} \times (\text{砌块长} + \text{灰缝}) \times (\text{砌块厚} + \text{灰缝})}$$

(2) 计算公式解读

上述砌块用量计算公式的物理意义解读如下：

第一步，变换公式为：

$$\text{每立方米墙体砌块净用量}(\text{块}) = \frac{\text{标准块中砌块用量}}{\text{墙厚} \times (\text{砌块长} + \text{灰缝}) \times (\text{砌块厚} + \text{灰缝})}$$

$$= \frac{1\text{m}^3}{\text{墙厚} \times (\text{砌块长} + \text{灰缝}) \times (\text{砌块厚} + \text{灰缝})} \times \text{标准块中砌块用量}$$

第二步，分母"墙厚×(砌块长+灰缝)×(砌块厚+灰缝)"是构成墙体具有代表性的体积，即标准块体积。

第三步，"$\frac{1\text{m}^3}{\text{墙厚} \times (\text{砌块长} + \text{灰缝}) \times (\text{砌块厚} + \text{灰缝})}$"的含义是指 1m^3 砌体中有多少个标准块。

第四步，求出 1m^3 墙体中有多少个标准块石，再乘以每个标准块的砌块用量，就得出 1m^3 墙体中砌块的总用量。

(3) 计算实例

【例4-3】 计算砌块尺寸为 390mm×190mm×190mm，墙厚为 190mm 的混凝土空心砌块墙的砌块净用量(灰缝为 10mm)。

解：$\text{每立方米墙体砌块净用量} = \frac{\text{标准块中砌块用量}}{\text{墙厚} \times (\text{砌块长} + \text{灰缝}) \times (\text{砌块厚} + \text{灰缝})}$

$$= \frac{1}{0.19 \times (0.39 + 0.01) \times (0.19 + 0.01)}$$

$$= 65.8 \text{ 块}/m^3$$

2. 砌块墙砌筑砂浆用量计算

(1)计算公式

$$\text{每立方米砌块墙砌筑砂浆净用量}(m^3) = 1m^3 - 1m^3 \text{ 砌体中砌块净用量体积}$$

(2)计算实例

【例 4-4】 根据例 4-3 有关数据,计算 190mm 厚每立方米砌块墙砌筑砂浆净用量。

解:每立方米砌块墙砌筑砂浆净用量 $= 1 - 0.39 \times 0.19 \times 0.19 \times 65.8$

$$= 0.074 m^3/m^3$$

三、标准砖基础材料用量计算

等高式放脚基础标准砖用量计算

等高式放脚基础标准砖用量计算的约定如下:

砖基础只包括从第一层放脚上表面至最后一层放脚下表面的体积,见图 4-2。

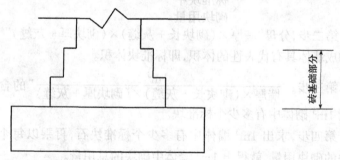

图 4-2 砖基础示意图

每层放脚的放出宽度为 62.5mm,每层放脚的高度为 126mm;砖基础灰缝为 10mm。

(1)计算公式

$$\text{每立方米砖基础标准砖净用量}(\text{块}) = \frac{(\text{墙厚的砖数} \times 2 \times \text{层数} + \sum \text{放脚层数值}) \times 2}{(\text{墙厚} \times \text{放脚层数} + \text{放脚宽} \times 2 \times \sum \text{放脚层数值}) \times \text{放脚层高} \times (\text{砖长} + \text{灰缝})}$$

$$= \frac{(墙厚的砖数 \times 2 \times 层数 + \sum 放脚层数值) \times 2}{(墙厚 \times 放脚层数 + 0.0625 \times 2 \times \sum 放脚层数值) \times 0.126 \times 0.25}$$

(2)计算公式解读

每立方米砖基础标准砖净用量计算公式的总体思路与墙体标准砖净用量的思路基本相同,即计算式中分母的含义为等高式大放脚基础标准块的体积;分子的含义为基础标准块中的标准砖的用量。因此,我们只要先计算每立方米砖基础中有多少个标准块,然后再乘以每个标准块中标准砖的数量,就可以得到每立方米砖基础标准砖的净用量。

(3)计算实例

【例4-5】 某标准砖基础的基础墙厚115mm,有二层等高式放脚,试计算该基础每立方米标准砖净用量。

解:$\dfrac{每立方米基础}{标准砖净用量} = \dfrac{(0.5 \times 2 \times 2 + 3) \times 2}{(0.115 \times 2 + 0.0625 \times 2 \times 3) \times 0.126 \times 0.25}$
$= 524.73 \text{块}/\text{m}^3$

【例4-6】 某标准砖基础,基础墙厚240mm,有三层等高式放脚,试计算该基础每立方米用标准砖净数量。

解:$\dfrac{每立方米砖基础}{标准砖净用量} = \dfrac{(1 \times 2 \times 3 + 6) \times 2}{(0.24 \times 3 + 0.0625 \times 2 \times 6) \times 0.126 \times 0.25}$
$= 518.30 \text{块}/\text{m}^3$

第二节 装饰块料用量计算

一、铝合金装饰板

1.计算公式

$$\dfrac{每100\text{m}^2 铝合金}{装饰板净用量} = \dfrac{100}{块长 \times 块宽}$$

2.计算实例

【例4-7】 计算用800mm×600mm规格的铝合金压型装饰板,装饰100m² 天棚的净用量。

解：$\dfrac{每100m^2 铝合金}{装饰板净用量} = \dfrac{100}{块长 \times 块宽} = \dfrac{100}{0.8 \times 0.6}$

$= 208.33\ 块/100m^2$

二、石膏装饰板

1. 计算公式

$\dfrac{每100m^2 石膏}{装饰板净用量}(块) = \dfrac{100}{(块长+拼缝) \times (块宽+拼缝)}$

2. 计算实例

【例 4-8】 规格为 500mm×500mm 的石膏装饰板，拼缝为 2mm，计算 100m² 的净用量。

解：$\dfrac{每100m^2 石膏}{装饰板净用量} = \dfrac{100}{(0.50+0.002) \times (0.50+0.002)}$

$= 396.82\ 块/100m^2$

三、墙(地)面砖

1. 计算公式

$\dfrac{每100m^2 墙(地)}{面砖净用量}(块) = \dfrac{100}{(块长+灰缝) \times (块宽+灰缝)}$

$\dfrac{灰缝砂浆}{净用量} = [100 - (块料长 \times 块料宽 \times 100m^2 块料净用量)] \times 灰缝深$

2. 计算实例

【例 4-9】 1:2 水泥砂浆贴 500mm×500mm×12mm 花岗岩板墙面，灰缝 1mm，砂浆粘结层 5mm 厚，试计算 100m² 墙面的花岗岩和砂浆净用量。

解：$\dfrac{每100m^2 墙面}{花岗岩净用量} = \dfrac{100}{(0.5+0.001) \times (0.5+0.001)}$

$= 398.40\ 块/100m^2$

$\dfrac{每100m^2 花岗岩}{墙面砂浆净用量} = 粘结层砂浆 + 灰缝砂浆$

$= 100m^2 \times 0.005 + [100 - (0.5 \times 0.5 \times 398.40)] \times 0.012$

$= 0.505 m^3/100m^2$

【例 4-10】 1:2 水泥砂浆贴 300mm×200mm×8mm 缸砖地面,结合层 5mm 厚,灰缝 2mm 宽,试计算每 100m² 地面的缸砖和砂浆净用量。

解:每 100m² 地面缸砖净用量 $= \dfrac{100}{(0.30+0.002)\times(0.20+0.002)}$

$= 1639.24$ 块$/100\text{m}^2$

每 100m² 缸砖地面灰缝砂浆净用量 $= [100-(0.30\times0.20\times1639.24)]\times0.008$

$= 0.013\text{m}^3/100\text{m}^2$

每 100m² 缸砖地面砂浆结合层净用量 $= 100\times0.005 = 0.50\text{m}^3/100\text{m}^2$

1:2 水泥砂浆用量 $= 0.013+0.50 = 0.513\text{m}^3/100\text{m}^2$

第三节 半成品配合比用量计算

一、砂浆配合比用量计算

1. 体积比计算公式

$$砂子用量(\text{m}^3) = \dfrac{砂子比例数}{配合比总比例数 - 砂子比例数\times砂子空隙率}$$

$$水泥用量(\text{kg}) = \dfrac{水泥比例数\times水泥堆积密度}{砂子比例数}\times砂子用量$$

$$石灰膏用量(\text{m}^3) = \dfrac{石灰膏比例数}{砂子比例数}\times砂子用量$$

2. 计算实例

【例 4-11】 计算 1:2 水泥砂浆的水泥和砂子用量,水泥堆积密度 1300kg/m³,砂子空隙率 46%。

解: 砂子用量 $= \dfrac{2}{1+2-2\times46\%} = 0.96\text{m}^3/\text{m}^3$

水泥用量 $= \dfrac{1\times1300}{2}\times0.96 = 624\text{kg}/\text{m}^3$

【例 4-12】 计算 1:0.3:3 水泥石灰砂浆的材料用量,水泥堆积密度 1310kg/m³,砂子空隙率 44%。

解：砂子用量 $= \dfrac{3}{1+0.3+3-3\times44\%} = 1.008\text{m}^3/\text{m}^3$

水泥用量 $= \dfrac{1\times1310}{3}\times1.008 = 440.16\text{kg}/\text{m}^3$

石灰膏用量 $= \dfrac{0.3}{3}\times1.008 = 0.101\text{m}^3/\text{m}^3$

当 1m^3 石灰膏需 600kg 生石灰时,上式石灰膏换算成生石灰用量为:$0.101\times600 = 60.6\text{kg}/\text{m}^3$

【例 4-13】 计算 1:2.5 水泥白石子浆的材料用量,水泥堆积密度 $1300\text{kg}/\text{m}^3$;白石子堆积密度 $1500\text{kg}/\text{m}^3$,空隙率 44%。

解:白石子用量 $= \dfrac{2.5}{(1+2.5)-2.5\times44\%} = 1.042\text{m}^3/\text{m}^3$

白石子换为重量:$1.042\times1500 = 1563\text{kg}/\text{m}^3$

水泥用量 $= \dfrac{1\times1300}{2.5}\times1.042 = 541.84\text{kg}/\text{m}^3$

二、水泥浆配合比用量计算

1. 计算公式

用水量按水泥的 34% 计算。即 $m_w = 0.34m_c$

1m^3 水泥浆中水泥净体积与水的净体积之和应为 1m^3 水泥浆。则有:

$$\frac{m_c}{\rho_c} + \frac{m_w}{\rho_w} = 1$$

式中 m_c——1m^3 水泥浆中水泥用量,kg;

m_w——1m^3 水泥浆中水用量,$m_w = 0.34m_c$,kg;

ρ_c——水泥的密度,kg/m^3;

ρ_w——水的密度,kg/m^3。

2. 计算实例

【例 4-14】 计算 1m^3 纯白水泥浆材料用量。水泥密度 $3100\text{kg}/\text{m}^3$,堆积密度 $1300\text{kg}/\text{m}^3$,用水量按水泥的 34% 计算,水密度为 $1000\text{kg}/\text{m}^3$。

解:

$$\frac{m_c}{\rho_c} + \frac{m_w}{\rho_w} = 1$$

因用水量按水泥的34%计算,即 $m_w = 0.34 m_c$,代入已知数据可得:

$$\frac{m_c}{3100} + \frac{0.34 m_c}{1000} = 1$$

解方程可得: $m_c = 1509 \text{kg}$

则 $m_w = 0.34 m_c = 0.34 \times 1509 = 513 \text{kg}$

可计算出:水泥在混合前的体积 $V'_\infty = \frac{m_c}{\rho'_\infty} = \frac{1509}{1300} = 1.161 \text{m}^3$

水混合前后的体积相等,为 $V_w = \frac{m_w}{\rho_w} = \frac{513}{1000} = 0.513 \text{m}^3$

三、石膏灰浆配合比用量计算

1. 计算公式

用水量按石膏灰80%计算。

$$\frac{m_D}{\rho_D} + \frac{m_w}{\rho_w} + V_P = 1$$

式中 m_D——1m³ 石膏灰浆中石膏灰等材料用量,kg;

m_w——1m³ 石膏灰浆中水用量,$m_w = 0.34 m_c$,kg;

ρ_D——石膏灰的密度,kg/m³;

ρ_w——水的密度,kg/m³;

V_P——其他材料用量,m³。

2. 计算实例

【例4-15】 计算 1m³ 石膏灰浆的材料用量。石膏灰堆积密度为 1000kg/m³,密度为 2750kg/m³,每立方米灰浆加入纸筋 26kg,折合体积 0.0286m³。

解: $\frac{m_D}{\rho_D} + \frac{m_w}{\rho_w} = 1$

因用水量按石膏灰等的80%计算,即 $m_w = 0.80 m_D$,代入已知数据可得:

$$\frac{m_D}{2750} + \frac{0.80 m_D}{1000} = 1$$

解方程可得: $m_D = 859 \text{kg}$

则 $m_w = 0.80 m_D = 0.80 \times 835 = 687 \text{kg}$。

可计算出：石膏灰等在混合前的体积 $V'_{DO} = \dfrac{m_D}{\rho'_{DO}} = \dfrac{859}{1000} = 0.859 \text{m}^3$

石膏灰的体积为：$V = V'_{DO} - 0.0286 = 0.859 - 0.0286 = 0.8304 \text{m}^3$

石膏灰的质量为：$m = \rho \cdot V = 1000 \times 0.8304 = 830.4 \text{kg}$

水混合前后的体积相等，为 $V_w = \dfrac{m_w}{\rho_w} = \dfrac{687}{1000} = 0.687 \text{m}^3$。

第五章 定额制定简易方法

确定人工消耗量定额有许多实用方法,其中经验估计法、统计分析法、比较类推法就是常用的方法。

第一节 经验估计法

一、经验估计法的概念

经验估计法是由定额人员、工程技术人员和工人结合在一起,根据个人或集体的实践经验,经过图纸分析和现场观察、了解施工工艺、分析施工生产的技术组织条件和操作方法的繁简难易程度,通过座谈讨论、分析计算后确定定额消耗量的方法。

二、经验估计法的基本方法

运用经验估计法制定定额,应以工序为对象,将工序分解为操作。先分析各操作的基本工作时间,然后再考虑工序的辅助工作时间、准备与结束工作时间,以及休息时间。根据确定的时间进行整理分析,并对结果进行优化处理,最终得出该工序或产品的时间定额或产量定额。

经验估计法的优点是方法简单,编制定额所用的时间少。其缺点是容易受编制定额人员的主观因素和局限性的影响,使定额消耗量出现偏低或偏高的现象。因此,经验估计法较适合于编制企业定额和补充定额。

三、经验估计法的计算方法

1. 算术平均值法

当对一个工序或产品进行工时消耗量估计时,大家提出了较多的估计值,这时可以用算术平均值的方法计算工时消耗量。其计算公式为：

$$\overline{X} = \frac{1}{n} \sum_{i=1}^{n} x_i$$

式中　$\overline{X}$——算术平均值；
　　　n——数据个数；
　　　x_i——第 i 个数据。

如果经验估计过程中，大家提出的估计值较多(如10个以上)时，我们还可以采用去掉其中最大、最小值后，再用算术平均值的方法来确定定额工时。

【例5-1】 某项工序的工时消耗通过有经验的有关人员分析后，提出了如下数据，试用算术平均值法确定定额工时。

| 经验估计工时 | 1.22 | 1.35 | 1.20 | 1.18 | 1.50 | 1.21 | 1.28 | 1.30 | 1.15 | 1.10 | 1.19 |

解：a. 去掉一个最大值1.50，去掉一个最小值1.10；
　　b. 计算其余数据的算术平均值

$$\overline{X} = \frac{1}{9}(1.22 + 1.35 + 1.20 + 1.18 + 1.21 + 1.28 + 1.30 + 1.15 + 1.19) = 1.23 \text{ 工时}$$

2. 经验公式与概率估算法

为了提高经验估计的精确度，使制定的定额水平较合理，可以在经验公式的基础上采用概率的方法来估算定额工时。

该方法是将估算对象的工时消耗数据中取定三个数值，即先进(乐观估计)数值 a，一般(最大可能)数值 m，保守(悲观估计)数值 b，然后用经验公式求出它们的平均值 $\overline{t}$。经验公式如下：

$$\overline{t} = \frac{a + 4m + b}{6}$$

根据上式算出的 $\overline{t}$ 值再用按正态分布函数得出的调整工时定额的公式为：

$$t = \overline{t} + \lambda \sigma$$

式中　t——定额工时；
　　　$\overline{t}$——工时消耗平均值；

σ——均差，$\sigma = \left|\dfrac{a-b}{6}\right|$。

我们从正态分布表（表5-1）中，可以查到对应于 λ 值的概率 $P(\lambda)$。

正态分布表　　　　　表5-1

λ	$P(\lambda)$	λ	$P(\lambda)$	λ	$P(\lambda)$	λ	$P(\lambda)$	λ	$P(\lambda)$
-2.5	0.01	-1.5	0.07	-0.5	0.31	0.5	0.69	1.5	0.93
-2.4	0.01	-1.4	0.08	-0.4	0.34	0.6	0.73	1.6	0.95
-2.3	0.01	-1.3	0.10	-0.3	0.38	0.7	0.76	1.7	0.96
-2.2	0.01	-1.2	0.12	-0.2	0.42	0.8	0.79	1.8	0.96
-2.1	0.02	-1.1	0.14	-0.1	0.46	0.9	0.82	1.9	0.97
-2.0	0.02	-1.0	0.16	-0.0	0.50	1.0	0.84	2.0	0.98
-1.9	0.03	-0.9	0.18	0.1	0.54	1.1	0.86	2.1	0.98
-1.8	0.04	-0.8	0.21	0.2	0.58	1.2	0.88	2.2	0.98
-1.7	0.04	-0.7	0.24	0.3	0.62	1.3	0.90	2.3	0.99
-1.6	0.06	-0.6	0.27	0.4	0.66	1.4	0.92	2.4	0.99

【例 5-2】 已知完成某施工过程的先进工时消耗为4h，保守工时消耗为8.5h，一般工时消耗5.5h。如果要求在6.65h内完成该施工过程的可能性有多少？若完成该施工过程的可能性 $P(\lambda) = 92\%$，则下达的工时定额应该是多少？

解：a. 求6.65h内完成该施工过程的可能性

已知：$a = 4\text{h}$　　　$b = 8.5\text{h}$

$m = 5.5\text{h}$　　$t = 6.65\text{h}$

$$\bar{t} = \frac{a + 4m + b}{6}$$

$$= \frac{4 + 4 \times 5.5 + 8.5}{6} = 5.75\text{h}$$

$$\sigma = \left|\frac{4 - 8.5}{6}\right|$$

$$= 0.75\text{h}$$

$$\lambda = \frac{t - \bar{t}}{\sigma}$$

$$= \frac{6.65 - 5.75}{0.75} = 1.2$$

由 $\lambda=1.2$ 可知,从表 5-1 中查得对应的 $P(\lambda)=0.88$,即要求 6.65h 内完成该施工过程的可能性有 88%。

b. 求当可能性 $P(\lambda)=92\%$ 时,下达的工时定额由 $P(\lambda)=92\%=0.92$ 可知,查表 5-1 相应的 $\lambda=1.4$,代入计算式得:

$$t = \bar{t} + \lambda\sigma$$
$$= 5.75 + 1.4 \times 0.75 = 6.8h$$

即当要求完成该施工过程的可能性 $P(\lambda)=92\%$ 时,下达的工时定额应为 6.8h。

第二节 统计分析法

一、统计分析法的概念

统计分析法是将过去施工中同类施工过程工时消耗的统计资料,同当前施工组织与施工技术变化因素结合起来,进行分析研究后,确定工时消耗定额的方法。

二、统计分析法的计算方法

1. 二次平均法

我们知道,统计分析资料反映的是工人过去已经达到的水平。在统计时没有剔除施工中不合理的因素,因而,这个水平一般偏于保守。为了克服统计分析资料的这一缺陷,使确定的定额水平保持平均先进的水平,可以用二次平均法计算出平均先进值,做为确定定额水平的依据。

二次平均法的计算公式及步骤如下:

(1)剔除不合理的数据

剔除统计资料中特别偏高或偏低的不合理数据。

(2)计算平均数

计算公式:

$$\bar{t} = \frac{\sum_{i=1}^{n} t_i}{n}$$

式中　n——数据个数；
　　　$\bar{t}$——平均数；
　　　t_i——统计数值（$i = 1、2、3、\cdots\cdots, n$）。

(3)计算平均先进值

将数列中小于平均值的各数值与平均值相加(求时间定额)，或者将数列中大于平均值的各数值与平均值相加(求产量定额)，然后再求其平均数,即求第二次平均数。计算公式为：

1)求时间定额的二次平均值

$$\bar{t}_0 = \frac{\bar{t} + \bar{t}_n}{2}$$

式中　$\bar{t}_0$——二次平均后的先进平均值；
　　　$\bar{t}$——全数平均值；
　　　$\bar{t}_n$——小于全数平均值的各个数值的平均值。

2)求产量定额的二次平均值

$$\bar{P}_0 = \frac{\bar{P} + \bar{P}_k}{2}$$

式中　$\bar{P}_0$——二次平均后的平均先进值；
　　　$\bar{P}$——全数平均值；
　　　$\bar{P}_k$——大于全数平均值的各个数值的平均值。

【例5-3】　已知某施工过程工时消耗的各次统计数据为38、41、43、40、45、50、44、42、43、44,试用二次平均法计算其平均先进值。

解：a.求第一次平均值

$$\bar{t} = \frac{1}{10}(38 + 41 + 43 + 40 + 45 + 50 + 44 + 42 + 43 + 44) = 43$$

　b.求平均先进值

$$\bar{t}_n = \frac{38 + 41 + 40 + 42}{4} = 40.25$$

　c.求二次平均先进值

$$\bar{t}_0 = \frac{\bar{t} + \bar{t}_n}{2} = 41.63$$

2. 概率测算法

用二次平均法计算出的结果,一般偏向于先进,可能多数工人达不到,不能较好地体现平均先进的原则。概率测算可以运用统计资料计算出可望有多少百分比的工人,可能达到作为确定定额水平的依据。其计算公式及步骤如下:

(1)确定有效数据

对取得某施工过程的若干次工时消耗数据进行整理分析,剔除明显偏低或偏高的数据。

(2)计算工时消耗的平均值

$$\bar{t} = \frac{\sum_{i=1}^{n} t_i}{n}$$

(公式中字母的含义同二次平均法计算公式。)

(3)计算工时消耗数据的样本标准差

$$S = \sqrt{\frac{1}{n-1} \sum_{i=1}^{n} (x_i - \bar{t})^2}$$

式中 S——样本标准差;

n——数据个数;

x_i——工时消耗数据($i=1、2、3、\cdots n$);

$\bar{t}$——工时消耗平均值。

(4)运用正态分布公式确定定额水平

根据正态分布公式得出的确定定额的公式为:

$$t = \bar{t} + \lambda S$$

式中 t——定额工时消耗;

$\bar{t}$——工时消耗算术平均值;

λ——S 的系数,从正态分布表中可以查到对应于 λ 值的概率 $P(\lambda)$;

S——样本标准差。

【例 5-4】 已知某施工过程工时消耗的各次统计值为 38、41、43、40、45、50、44、42、43、44(同例 5-3),试用概率测算法确定使

86%的工人能够达到的定额值和超过平均先进值的概率各为多少?

解：a. 求算术平均值

$$\bar{t} = \frac{1}{10}(38 + 41 + 43 + 40 + 45 + 50 + 44 + 42 + 43 + 44) = 43$$

b. 计算样本标准差

$$S = \sqrt{\frac{1}{10-1}\left[\begin{array}{l}(38-43)^2 + (41-43)^2 + (43-43)^2 \times 2 + (40-43)^2 \\ + (45-43)^2 + (50-43)^2 + (44-43)^2 \times 2 + (42-43)^2\end{array}\right]}$$
$$= 3.23$$

c. 确定使86%的工人能够达到的工时消耗定额由正态分布表(表5-1)查得,当 $P(\lambda) = 0.86$ 时,$\lambda = 1.1$,故使86%的工人能达到的工时消耗定额为:

$$t = \bar{t} + \lambda S$$
$$= 43 + 1.1 \times 3.23 = 46.55$$

d. 确定能超过平均先进值的概率

由例5-3求出的平均先进值43,计算出能达到此值的概率:

$$\lambda = \frac{\bar{t}_0 - \bar{t}}{S}$$
$$= \frac{43 - 46.55}{3.23} = -1.10$$

查表5-1得 $P(-1.10) = 0.14$,即只有14%的工人能达到此水平。

第三节 比较类推法

一、比较类推法的概念

比较类推法又叫典型定额法,是以同类或相似类型的施工过程的典型定额消耗量为标准,经过与相邻定额的分析比较,类推出同一组相邻定额消耗量的方法。

二、比较类推法的特点

1. 按比例类推定额

比较类推法主要采用正比例的方法来推算其他同类定额消耗量,该方法比较简单。但要注意,如果类推定额与典型定额之间没有明显的正比例关系,该方法的准确性就达不到要求。

2. 方法简便,有一定适用范围

采用该方法如果典型定额选择恰当,切合实际,具有代表性,那么,类推出的定额一般比较合理。从实践情况看,该方法适用于同类型、规格多、批量小的施工过程。随着施工机械化、标准化、装配化程度的不断提高,这种方法的适用范围逐步扩大。

3. 采用典型定额类推

为了提高定额的精确度,通常采用以主要项目做为典型定额来类推。采用这种方法,要特别注意掌握工序、产品的施工工艺和劳动组织等特征,细致分析施工过程的各种影响因素,防止将因素变化很大的项目作为典型定额来比较类推。

三、比较类推的计算方法

常用的比较类推法有比例计算法和坐标图示法两种。

1. 比例计算法

比例计算法又叫比例推算法。该方法是以某些定额项目为基础,通过技术测定或统计资料运用正比例的方法求得相邻定额消耗量的方法。

比例计算法的计算公式为:

$$t = P \cdot t_0$$

式中　t——需计算的工时消耗量;

　　　t_0——相邻典型定额项目的工时消耗量;

　　　P——已确定的比例。

【例 5-5】 已知人工挖地槽土方的一类土时间定额及一类土与二、三、四类土人工挖地槽定额的比例关系如表 5-2 所示,求二、三、四类土人工挖地槽的时间定额。

解:a. 求地槽上口宽在 0.8m 以内的时间定额

二类土:$1.43 \times 0.133 = 0.190$

三类土:$2.50 \times 0.133 = 0.333$

四类土:$3.76\times0.133=0.500$

b. 求地槽上口宽在 1.5m 以内的时间定额
二类土:$1.43\times0.115=0.164$
三类土:$2.50\times0.115=0.288$
四类土:$3.76\times0.115=0.432$

c. 求地槽上口宽在 3.0m 以内的时间定额
二类土:$1.43\times0.108=0.154$
三类土:$2.50\times0.108=0.270$
四类土:$3.76\times0.108=0.406$

挖地槽时间定额比例数示法确定表　单位:工日$/m^3$　　表 5-2

项　目	比　例　关　系	挖地槽深在 1.5m 以内		
		上口宽在（　）m 以内		
		0.8	1.5	3
一　类　土	1.00	0.133	0.115	0.108
二　类　土	1.43	0.190	0.164	0.154
三　类　土	2.50	0.333	0.288	0.270
四　类　土	3.76	0.500	0.432	0.406

2. 坐标图示法

坐标图示法又叫图表法,即采用坐标图和表格来制定定额的方法。具体做法是选择一组同类定额项目,并选定典型定额项目,然后在坐标图上以项目的规格要求为横坐标,以工时或产量为纵坐标,确定坐标图。接着将典型定额项目的工时消耗用点标在坐标图上,依次连接各点成一线,从而在该直线上确定其他相关定额项目的时间消耗量。

【例 5-6】　机动翻斗车运输砂子,已知典型的定额项目的时间定额如表 5-3 所示,试求运距为 200m、600m、1200m、2000m 的时间定额。

机动翻斗车运砂子的典型时间定额　　表 5-3

项　目	单　位	运　距(m)			
		140	400	900	1600
运　砂　子	工　日	0.126	0.182	0.240	0.333

59

解:(1)根据表 5-3 所列的典型定额画出运砂子的定额线(图 5-1);

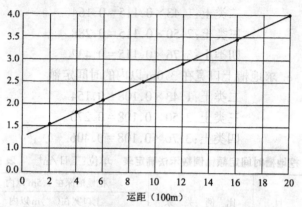

图 5-1 机动翻斗车运砂子时间定额坐标图

(2)在图上确定出所要求确定的项目如表 5-4 所示。

用坐标图示法确定出的定额 表 5-4

项 目	单 位	运 距(m)			
		200	600	1200	2000
运 砂 子	工 日	0.150	0.208	0.278	0.390

第六章 定额编制方案

定额编制方案就是对编制过程中一系列重要问题,做出原则性的规定,并据此指导编制工作的全过程。

第一节 编制方案的基本内容

定额编制方案主要包括下列基本内容。
一、明确编制定额的基本原则、基本方法和主要依据
1. 定额编制原则
定额编制原则主要包括以下几个方面:
(1)定额水平;
(2)定额结构形式。
2. 编制定额的基本方法
可以采用技术测定法、统计计算法、经验估计法等方法。
3. 编制定额的依据
(1)劳动制度
包括工人技术等级标准、工资标准、工资奖励制度、八小时工作日制度、劳动保护制度等。
(2)各种规范、规程、标准
包括设计规范、质量及验收规范、技术操作规程、安全操作规程等。
(3)技术资料、测定和统计资料
包括典型工程施工图、正常施工条件、机械装备程度、常用施工方法、施工工艺、劳动组织、技术测定数据、定额统计资料等。

二、拟定定额的适用范围

明确适用范围包括：

1. 适用于某地区；
2. 适用于建筑工程、安装工程、装饰工程等专业；
3. 适用于企业内部；
4. 适用于工程投标报价。

三、拟定定额结构形式

明确定额结构形式包括：

1. 结构形式简单明了；
2. 项目划分简明适用；
3. 定额文字通俗易懂。

四、定额水平的确定

定额水平主要反映在以下几个方面：

1. 产品质量与原材料消耗量；
2. 劳动组织合理性与人工消耗量；
3. 生产技术水平与施工工艺先进性。

五、定额水平测算对比

主要包括：

1. 定额水平测算方法；
2. 单个项目定额水平测算；
3. 节、章及总水平的测算。

除上述内容外，编制定额还包括组织领导、人员安排、方法步骤、时间安排等措施和计划。

第二节 拟定定额的适用范围

制定定额首先要拟定其适用范围，使之与一定的生产力水平相适应。

一、适用于某个地区

属于地区性的以下几个方面会影响定额水平。

1. 地方材料的品种规格不同

例如，混凝土采用中砂或细砂时的配合比材料消耗量不同。

2. 地质条件情况不同

例如，不同地质条件和土质对人工挖土方的影响。

3. 劳动组织不同

各地区工人小组构成人员不同对工时消耗的影响。

二、适用于某个专业

编制企业定额应该按专业划分。一般要划分为建筑工程、安装工程、装饰工程、市政工程和园林绿化工程等专业。

三、适用于企业内部

适用于企业内部是指按企业生产力水平编制的定额，是企业编制施工作业计划、劳动力计划、材料供应计划、机械台班需用量计划、下达施工任务单、填写限额领料单、结算工程承包用工、用料、核算工程成本、统计完成产值等的依据。

四、适用于工程投标报价

适用于工程投标报价分两种情况。第一种是按行业生产力水平编制出具有社会平均水平定额，供业主和承包商作为计算工程标底价或工程造价的计算依据；第二种是按企业生产力水平编制具有企业个别水平的定额，作为企业计算工程投标报价的依据。

第三节 拟定定额的结构形式

一、结构形式简单明了

定额结构形式简单明了是指，层次清晰，各章节划分明了，便于使用。除此以外，要将成熟的新工艺、新技术、新结构、新机具等内容编排进去，要研究合理划分定额项目，编排好章节以及选定好合适的计量单位等问题。

二、定额项目划分

划分定额项目，要依据定额的具体内容和工效的差别情况来进行。总的要求是,定额项目齐全、使用方便、步距大小适宜。

步距大小是定额项目划分的重要因素。其一般原则是,应该以定额项目的步距的水平相差10%左右为宜。

划分定额项目,要充分体现施工技术和生产力水平。其具体划分方法,主要有以下几种:

1. 按机具和机械施工方法划分

由于不同的施工方法对定额的水平影响较大,比如手工操作与机械操作的工效差别很大。所以,项目划分时要根据手工操作和使用机具情况划分为手工、机械和部分机械定额项目。例如,钢筋制作可以划分为机械制作、部分机械制作和手工绑扎等定额项目。

2. 按产品的结构特征和繁简程度划分

在施工内容上虽然属于同一类型的施工过程,但由于工程结构的繁简程度和几何尺寸不同,对定额水平有较大影响。所以,要根据产品的结构特征、复杂程度及几何尺寸的大小划分定额项目。例如,现浇混凝土设备基础模板的制作安装,就需要根据其复杂程度和几何尺寸的大小,划分为一般的、复杂的、体积在多少立方米以内或多少立方米以上的项目。

3. 按使用的材料划分

在完成某一产品时,使用的材料不同,对工程的影响也很大。例如,不同材质、不同管径的各种管材,对管道安装的工效影响就很大。所以,在划分管道安装项目时,则应按不同材质的不同管径来划分项目。

4. 按工程质量的不同要求划分

不同的工程质量要求,对单位产品的工时消耗也有较大的差别。例如,砖墙面抹石灰砂浆,按施工及质量验收规范规定,有不同等级不同抹灰遍数的质量要求。因此,可以按高级、中级、普通抹灰质量要求分别划分定额项目。

5. 按工作高度划分

一般来说,工作高度越高,操作越困难,安全要求也越高,其运输材料的工时消耗也越多,操作的工作时间也必然增加。因此,操作高度或建筑物的高度,对工时消耗都有不同程度的影响。所以,要按不同高度对定额水平的影响程度来划分项目。另外,在这种情况下也可以采取增加工时或乘系数的办法来调整。

除了上述划分方法外,还有很多,如土的分类,工作物的长度、宽度、直径,设备的型号、容量大小等。其总的原则就是以工效的差别来划分项目。

三、划分定额项目应注意的问题

在划分定额项目时,应注意以下几个方面的问题:

1. 注意新旧项目的恰当处理

随着施工生产的发展,各种新工艺、新技术、新的操作方法、新机具总是要不断出现。针对这一情况,处理原则是,凡是实践中已经证明是可行的先进经验,都应划分项目,列入定额内,但也要注意,不要把那些正在推行中,消耗水平不稳定的项目,列入定额内。对那些已经被淘汰的项目,也要予以删除。

2. 具有指导意义的新工艺的处理

有些先进的生产工艺,虽然目前还未普遍推广,但定额水平已基本稳定,并且具有方向性和指导意义的项目,则也应列入定额。例如,钢筋接头的新工艺等。

3. 正确运用附注系数和加工的方法

附注系数及增加工日是定额的另一种表现形式,它可以减少定额项目。一般是,常用的项目都要划分好列入定额,不常用的项目可以采取乘系数的办法解决。例如,木门窗制作,以常用的一、二类木种划分列项,如采用三、四类木种,其定额用工可以在一、二类木种定额基础上乘以规定的系数。因为实际施工生产中,用三、四类木种制作门窗的较少。所以,可以通过乘系数的方法来解决定额水平的差异。另外,有些情况属于工作内容和影响因素的变化,也可用乘系数的办法解决。

应该指出,当影响因素及定额水平不成比例关系时,不能采用乘系数的办法,而要采用增加或减少用工的办法来解决。

四、定额章、节的编排

定额章、节的编排是拟定定额结构形式的一项重要工作,其编排、划分的合理性,关系到定额的使用是否方便好用。

1. 章的划分

章的划分方法,通常有以下几种:

(1) 按不同的分部划分

例如,装饰工程可以按不同分部划分为楼地面、墙柱面、天棚、门窗、油漆涂料等各章。

(2) 按不同工种和劳动对象划分

例如,建筑工程可以工种和劳动对象划分为土石方、砌筑、脚手架、混凝土及钢筋混凝土、门窗、抹灰、装饰等各章。

2. 节的划分

节的划分主要有以下几种:

(1) 按不同的材料划分

例如,抹灰工程可以按不同材料划分为石灰砂浆、水泥砂浆、混合砂浆等各节。

(2) 按分部分项工程划分

例如,现浇构件这一章,可以按分部分项的工效不同划分为基础、地面、柱、梁、墙、板等各小节。

(3) 按不同构造划分

例如,屋面防水这一章,可以按构造划分为柔性防水层、刚性防水层、瓦屋面、铁皮屋面等各小节。

上述章、节的划分方法,是一般常用的方法,具体操作,还需在编制定额过程中结合具体情况而定。

定额的章、节编排,还需包括文字说明。文字说明的主要内容有,工程内容、质量要求、劳动组织、操作方法、使用机具以及有关规定等。

定额中的文字说明要简单明了,每种定额应有"总说明",将两章及两章以上的共性问题,编写在总说明中。每章应写章说明,将两节及两节以上的共性问题,编写在章说明中。每节的文字说明一般包括工作内容、操作方法和有关规定等。

五、计量单位的确定

每一施工过程的结果都会得到一定的产品,该产品必须用一定的计量单位来表示。

在许多情况下,一种产品可以采用几种计量单位。

例如,砖砌体的计量单位可以用砌 1000 块砖、砌 $1m^2$ 砖墙或砌 $1m^3$ 砖砌体来表示。所以,在编制定额时,应首先确定项目的计量单位。

确定计量单位应遵循以下原则:

1. 能够准确地、形象地反映产品的形态特征

凡物体的长、宽、高三个度量都发生变化时,应采用 m^3 为计量单位。例如,土方、石方、砖石、混凝土构件等项目。

当物体有一相对固定的厚度,而它的长和宽两个度量所决定的面积发生变化时,宜采用 m^2 为计量单位。如,地面面层、装饰抹灰等项目。

若物体截面形状及大小固定,但长度不固定时,应以延长米为计量单位。例如,装饰线条、栏杆扶手,给排水管道、导线敷设等项目。

有的项目体积、面积相同,但重量和价格差异较大,如金属结构的制、运、安等应当以 kg 或 t 为单位计算。

还有一些项目可以按个、组、套等自然计量单位计算。例如,水嘴、洗脸盆、排水栓等项目。

2. 便于计算和验收工程量

例如,墙脚排水坡以 m^2 为计量单位,窗帘盒以 m 为单位,便于计算和验收工程量。

3. 便于定额的综合

施工过程各组成部分的计量单位尽可能相同。例如,人工挖土方,其组成部分的人工挖方、人工运土、人工回填土项目都应以 m^3 为单位,便于定额的综合。

4. 计量单位的大小要适当

所谓计量单位的大小要适当,是指其单位不能过大或过小,做到既方便使用,又能保证定额的精确度。例如,人工挖土方以 $10m^3$ 为单位,人工运土以 $100m^3$ 为单位,机械运土方以 $1000m^3$ 为单位。

5．必须采用国家法定的计量单位

定额中计量单位的名称和书写都应采用国家法定的计量单位。

第四节　定额水平的确定

定额水平的确定是一项复杂细致的工作,具有较强的技术性。

确定定额水平,必须先做好有关定额水平的资料收集、整理和分析工作,弄清楚定额水平的各种影响因素。只有这样,才能制定出满足要求的定额水平。

一、定额水平资料的搜集

搜集定额水平资料是确定定额水平的一项基础性工作。该项工作要充分发挥定额专业人员的作用,积极做好技术测定工作。无论是编制企业定额还是补充定额,都应以技术测定资料做为确定定额水平的重要依据。特别是定额中的常用项目,一定要通过技术测定资料来确定定额水平。

另外,还应搜集在施工过程中实际完成情况的统计资料和实践经验资料。统计资料一般是指单项统计资料,是消耗在单位产品上的实耗工料记录。统计资料应该在生产条件比较正常、产品和任务比较稳定,原始记录和统计工作比较健全,以及重视科学管理和劳动考核的施工队组或施工项目上搜集,以保证统计资料的准确性。

经验估计资料要建立在深入细致调查研究的基础上,要广泛征求有实践经验人员的意见。为了提高经验资料的可靠程度,可将初步搜集来的经验资料,通过各种座谈会讨论分析,反复征求意见,使经验资料有足够的代表性。

搜集定额水平资料时应注意以下问题：

1. 资料的准确性

资料要如实反映客观实际，数字真实可靠。

2. 资料的完整性

资料的内容要齐全，不仅要有完成产品的数量和消耗工料的数量资料，而且还要有相应的产品质量、施工技术组织资料等影响定额水平的各种因素资料。

3. 资料的代表性

资料能够把定额适用范围内的大多数队组、项目上的定额工效水平反映出来。

二、定额水平资料的分析采用

通过上述方法搜集到的资料，由于受多种因素的影响，难免存在一定的局限性，往往会发现同一组项目的水平有较大的差异。因此，对搜集到的资料，首先要进行分析，要选用工作内容齐全，施工条件正常，各种影响因素清楚，产品数量、质量及工料消耗数据可靠的资料，进行加工整理，作为确定定额水平的依据。

三、定额水平的确定

定额水平的确定要从两个方面来讨论。一是根据定额的作用范围确定定额水平；二是根据企业的生产力水平确定定额水平。

根据作用范围确定定额水平是指，编制行业定额，用以指导整个行业时，应该以行业的平均水平作为定额水平；编制地区定额用于指导某一地区时，应该以该地区该行业的平均水平作为定额水平依据。

如果是编制企业定额，那么就应该以该企业的平均先进水平作为定额的水平。

定额水平的确定，不仅要坚持平均水平或平均先进水平的原则，还必须处理好数量与质量的关系。各种定额应该以现行的工程质量验收规范为质量标准，在达到质量标准的前提下，确定定额水平。确定定额水平还应考虑工人的身心健康和安全生产。对有害身体健康的工作，应该减少作业时间。

四、确定定额水平应注意的问题

1. 注意先进技术和先进经验的成熟程度

在确定定额水平时,对于能够反映先进技术、革新成果和先进操作经验的项目,要注意分析其成熟程度和推广应用的客观条件后区别对待。凡是比较成熟的,已经具备普遍推广条件的,应该在定额水平中反映;由于某些条件的限制,难以立即实现的,则不应反映到定额水平中去。对于有推广意义的项目,可以反映到定额水平中去;对于某些小改革提高工效的项目,可以暂不反映到定额水平中去,以免挫伤革新者的积极性。

2. 要防止用提高劳动强度的方法提高定额水平

在分析和确定使用一般工具的手工操作定额水平时,要特别注意防止用提高工人劳动强度的方法来提高定额水平。特别是笨重的体力劳动,更要持慎重态度。定额水平的提高要立足于采用科学管理和先进的生产技术、手段,诸如合理的生产组织、先进的生产工具以及各种技术革新成果等。

第五节 定额水平的测算对比

为了将新编定额与现行定额进行对比,分析新编定额水平提高或降低的幅度,需要对定额水平进行测算。

一、测算项目的选择

由于定额项目很多,一般不做逐项对比和测算。通常将定额章节中的主要常用项目进行对比。例如,砖石工程的重点可选砖基础、砖墙、砖柱等项目进行对比。

项目对比时,应注意所选项目的可比性。所谓可比性是指两个对比项目的定额水平所反映的内容,包括工作内容、施工条件、计算口径是否一致。如果不一致,那么对比就没有可比性,其比较结果就不能反映定额水平变化的实际情况。

二、测算对比方法

定额水平的测算对比方法,常采用单项水平对比和总体水平对比的方法。

1. 单项水平对比

单项水平对比,就是用新编定额选定的项目与现行定额对应的项目进行对比。其比值反映了新编定额水平比现行定额水平提高或降低的幅度,其计算公式为:

$$\frac{\text{新编定额水平提}}{\text{高或降低的幅度}} = \left(\frac{\text{现行定额单项消耗量}}{\text{新编定额单项消耗量}} - 1 \right) \times 100\%$$

定额水平越高其定额消耗量就越低,定额水平与消耗量成反比。

2. 总体水平对比

总体水平对比是用同一单位工程计算出的工程量,分别套用新编定额和现行定额的消耗量,计算出人工、材料、机械台班总消耗量后进行对比,从而分析新编定额水平比现行定额水平提高或降低的幅度,其计算公式为:

$$\frac{\text{新编定额水平提}}{\text{高或降低的幅度}} = \left(\frac{\text{现行定额分析的单位工程消耗量}}{\text{新编定额分析的单位工程消耗量}} - 1 \right) \times 100\%$$

第七章 人工定额编制

第一节 概　述

一、人工定额的概念

人工定额亦称劳动定额,它规定了在正常施工条件下,在合理劳动组织与合理使用材料条件下,完成单位合理产品所必需消耗的劳动数量标准。

人工定额按其表达方式的不同,可分为时间定额和产量定额两种。

1. 时间定额

时间定额是指在正常施工条件下,在合理劳动组织和合理使用材料条件下,某工种、某技术等级工人小组或工人,完成单位合格产品所必需消耗的工作时间。

时间定额以工日为单位,每工日按 8h 计算。

2. 产量定额

产量定额是指在正常施工条件下,在合理劳动组织和合理使用材料条件下,某工种、某技术等级的工人小组或个人,在单位工日中所必需完成合格产品的数量。

3. 时间定额与产量定额的关系

时间定额与产量定额是互为倒数的关系,即

$$时间定额 = \frac{1}{产量定额}$$

或　　　　　时间定额 × 产量定额 = 1

例如,水泥砂浆抹预制板天棚的时间定额为 1.31 工日$/10\text{m}^2$,

产量定额为 $\frac{1}{1.31}=0.763(10m^2/工日)=7.63m^2/工日$

4. 时间定额与产量定额的特点

产量定额用 $m^3/工日、t/工日、组/工日$ 等单位表达,数量直观、具体,容易为工人所理解和接受。因此,产量定额适用于向工人班组下达生产任务。

时间定额以 $工日/m^3、工日/m^2、工日/t、工日/组$ 等单位表达,不同的工作内容有相同的时间单位,定额完成量可以相加,故时间定额适用于编制劳动力计划和统计完成任务工作。

二、人工定额的编制原则

1. 定额水平平均先进原则

定额水平是指规定消耗在单位产品上的人工、材料、机械台班数量多少。消耗量越低,水平就越高,单位产品的劳动消耗与生产力水平成反比。

人工定额水平是平均先进水平,因为具有平均先进水平的定额才能促进施工企业生产力水平的提高。

所谓平均先进水平,是指在正常施工条件下,多数班组或工人经过努力可以达到的水平。一般地说,该水平低于先进水平而略高于平均水平。

平均先进水平对于先进生产者、中等水平工人和少数落后者起着不同的作用。

平均先进水平使先进生产者感到有一定的压力,能鼓励他们进一步提高技术水平;使大多数处于中间水平的工人感到定额水平可望可及,能增强他们达到或超过定额的信心;平均先进水平没有迁就少数落后者,使他们产生努力工作的责任感,能使他们认识到必须花较大的精力去改善施工条件、改进技术操作水平才能缩短差距,尽快达到定额水平。所以,平均先进水平是一种鼓励先进、勉励中间、鞭策落后的定额水平。人工定额具有这样的水平,才能达到不断提高生产力水平的目的。

定额水平具有一定的时间性。在企业的某一时期是平均先进水平,但在执行过程中,经过工人努力之后,大多数工人都达到或超过了定额。那么,这时的定额就不具有平均先进水平了。所以,要在适当的时候重新修订定额,以保持定额的平均先进水平。

2. 简明适用原则

简明适用原则主要针对定额的内容和形式。这一原则要求定额的内容和形式要有利于定额的贯彻执行。

简明适用原则要求定额的内容较丰富、项目较齐全、适用性较强,能满足施工组织与管理、计算劳动报酬、工程投标报价等方面的要求。同时也要求定额简明扼要,容易为工人和业务人员理解和掌握。

三、人工定额的编制依据

人工定额的编制依据主要包括:

1. 现行的劳动定额;
2. 现场测定资料;
3. 现行的工程质量验收规范;
4. 建筑安装工人技术等级标准。

第二节 人工定额的拟定

一、拟定正常施工条件

1. 拟定正常施工条件的概念

所谓拟定正常的施工条件,就是我们在确定定额水平时,将技术测定所提供的资料,所取定的正常条件,在定额的内容中加以明确和肯定。这些条件必须适用于本企业的大多数班组,符合当前施工生产的实际情况。其具体内容包括,工作现场对象的类别和质量要求;使用材料的名称和规格;选用的机具型号和性质;主要的施工方法和程序;劳动组织;工作地点组织等。

2. 拟定合理的劳动组织

拟定合理的劳动组织包括拟定组成人员的数量和各成员的技术等级。这个劳动组织应符合现行的工人技术等级标准,并遵循以下原则：

（1）保证小组内所有成员都能充分担负有效的工作；

（2）尽量正确、合理地使用技术工人，使之在工作中符合技术等级的要求；

（3）尽量使技术等级较低的工人在技术等级较高的工人指导下工作，逐步掌握高一级的技术水平。

3. 拟定合理劳动组织举例

拟定劳动组织，是一种比较复杂细致的工作，必须认真分析工作对象的特征，了解施工工艺过程，熟悉工人技术等级标准，综合考虑，正确选择。现以砌砖施工过程为例，加以说明。

根据技术测定资料，对清水砖墙施工过程的劳动组织拟出以下三个方案：

第一方案，由五级工1人，四级工1人，三级工3人，共5人组成。这样的配备，各个工人能发挥自己的技术专长，四级工和个别三级工可以参与技术等级较高的工作，从而得到提高技术水平的机会。

第二方案，由三级、四级、五级工各1人组成。这样的配备，各个工人的分工明确，但五级工和四级工需要做一部分低于自己技术等级的工作。

第三方案，由三级工和五级工各1人组成。这样的组合，五级工有大半时间需要完成四级工和三级工的工作，因而，三级工的技术水平也无从提高。

根据上述分析可知，以五人小组的组合最为理想，可以作为先进正常劳动组织考虑，三人小组次之，二人小组的方案不应采用。

小组成员确定后，就可以计算小组平均等级了。其计算方法为加权平均法。五人小组方案的小组加权平均等级为：

$$\frac{\text{小组加权}}{\text{平均等级}} = \frac{1 \times 5 + 1 \times 4 + 3 \times 3}{5} = \frac{18}{5} = 3.6 \text{ 级}$$

这个3.6级即称为小组平均等级，又称为工作对象技术等级。

在拟定劳动组织的过程中，还要合理配备技、普工的比例。因为在许多施工过程中，既有技术较高的工作由技工完成，也有技要求不高的工作由普工完成。例如,天棚混合砂浆抹灰的劳动组织,技工包括六级工1人,五级工2人,四级工4人,三级工3人,二级工2人。另外,普工有6人。其技、普工比例是1∶0.5。

确定技、普工的比例和配备,也应尽量发挥技工的作用,使之不要去做普工的工作。

4.拟定工作地点的组织

工作地点是指工人施工生产活动的场所。工作地点组织混乱,不科学,往往是造成劳动率不高,甚至窝工的重要原因。

在拟定工作地点的组织时,要特别注意使工人在操作时不受干扰和妨碍,所使用的工具和材料应按使用顺序放置于工人最方便取用的地方,以减少疲劳和提高工作效率。不用的工具和材料不应堆放在工作地点,工作地点应保持整洁和秩序井然。

5.工效学的应用

工效学是以生物力学、劳动心理学为基础,从人的生理、心理要求出发,研究操作方法以及劳动者与劳动环境的最佳配合。通过动作和时间研究,设计合理的操作方法,规定正确的操作动作,以达到既提高工作效率又保障操作者的健康与安全的目的。其实质是在一定的条件下,将人和环境统一在一个系统之内,用科学的方法分析、研究提高效率的问题。其主要内容有:从生理的角度研究劳动环境,从心理的角度研究劳动心理,具体涉及劳动者特征、劳动卫生、劳动环境、人-机系统等四个部分。

运用工效学原理编制人工定额的要点有以下几个方面:

(1)操作动作应遵循的原则

操作动作和姿势对工作效率有直接影响。合理的定额应该在正确的操作动作和正确的姿势下产生。从工效学角度出发,操作动作应遵循以下原则:

1)操作动作应具有简单性和节奏性;

2)动作起点到终点应在视力范围内;

3)双手同时动作时,两手动作的方向应具有平行性和对称性;

4)尽量缩短动作距离;

5）动作次数应减到最少；
6）尽量减少垂直的动作；
7）动作的轨迹圆弧形优于直线形；
8）动作之间的衔接应当平衡而且从容不迫的；
9）动作的方向应符合习惯。

(2)确定工时规范

人工定额集中体现了劳动强度、速度、频率等要素的结合。我们要正确处理提高劳动效率的要求与劳动卫生之间的矛盾。

人是一种有机体，人的生理特征对劳动速度、频率、强度等有一定的限度。超过这个生理限度，就会损害劳动者身体健康。

劳动卫生集中反映的是产生疲劳问题。产生疲劳是指劳动者在连续一段时间的劳动后，产生的疲劳感和劳动机能的部分衰减。

我们常采用能量代谢率(RMR)来区分不同的劳动强度制定出不同的工时定额。对于土木建筑工人来说，RMR 值接近于 7 时，体力消耗比较大，一次持续时间不能超过 2h，在制定工时规范时，应考虑上、下午各插入 2 次休息，即 8h 工作中应以均等的时间间隔安排四次休息，每次休息时间可在 15～20min 之间。休息总时间应占全部作业时间的 15% 左右。其他工时标准，也应按工效学原理加以验证。

(3)环境条件对工作的影响

1)环境温度和湿度

当人体产生的热量 M 等于散发的热量 N 时，人体处于热平衡，感到舒适。当 $M>N$ 时，就感到热，感觉不舒服，容易疲劳，容易分散注意力，引起事故发生。当 $M<N$ 时，感觉冷，会有麻木感，操作敏捷度和准确度就会下降，影响工作效率和质量。根据有关资料和人们的习惯表明，其最佳工作温度是，冬季 17℃，春秋两季 19℃，夏季为 21℃，相对湿度保持在 45%～65% 之间。

2)环境声音

土建施工由于在开放的环境中，环境声音对施工影响不大，但若编制木材加工厂的定额时，要按工业噪声的强弱与暴露时间的关系来考虑定额的编制。

(4)设计工作地

从编制人工定额的角度出发,设计工作地的目标是合理安排人员、材料、机具的相对位置,以适应动作少、距离短、速度快的要求。在平面位置上,应避免来回奔跑,动作衔接生硬的现象。在空间范围,特别是高度范围,应保持有利高度范围内的操作,即100cm到150cm之间。60cm以下和150cm以上为困难高度,应尽量避免在此范围内操作。

在设计工作地点时,应考虑操作者的体形、尺寸以及这些尺寸的变化规律。

二、定额时间的确定

在全面分析了各种影响因素的基础上,通过技术测定资料,我们可以获得定额的各种必须消耗时间。将这些时间进行归纳、整理、汇总,就可以得出整个工作过程的时间定额。

1. 作业时间

根据测定资料的分析和选择,我们可以获得各种产品的基本工作和辅助工作时间,将这两种时间合并,我们称它为作业时间。

作业时间是产品主要的必须消耗的工作时间,它是各种因素的集中反映,决定着整个产品的定额水平。

(1)各组成部分与最终产品单位一致时的作业时间计算

如果单位产品施工过程的各个组成部分与最终产品是同一个计量单位时,则单位产品作业时间就是施工过程各个组成部分作业时间的总和,计算公式为:

$$T_1 = \sum_{i=1}^{n} t_i$$

式中　T_1——单位产品作业时间;

　　　t_i——各组成部分作业时间;

　　　n——各组成部分的个数。

(2)各组成部分单位与最终产品单位不一致时的作业时间计算

如果单位产品施工过程的各个组成部分的计量单位与最终产

品计量单位不相同时,各组成部分作业时间应分别乘以相应的换算系数。计算公式为:

$$T_1 = \sum_{i=1}^{n} K_i \cdot t_i$$

式中 K_i——对应于 t_i 的换算系数。

(3)工作日作业时间

工作日作业时间,等于单位产品作业时间乘以每工产量。计算公式为:

$$T_1' = T_1 \cdot m$$

式中 T_1'——工作日作业时间;
T_1——单位产品作业时间;
m——每工产量。

同理,如果先知道工作日作业时间,求单位产品作业时间的计算公式为:

$$T_1 = \frac{T_1'}{m}$$

(4)换算系数的分析

因为各种类型的计算单位之间有着不同的函数关系,无法统一规定,我们可以通过以下例子加以说明。

【例7-1】 砌砖墙计算墙面勾缝的计量单位是 m^2。如果我们不是采取直接测量面积的方法而是根据砖墙厚度按体积进行换算,这时就会产生换算系数问题。现设定每平方米砖墙面勾缝所需的时间为 9.6min,试求各种不同墙厚,每 m^3 砌体所需时间。

解:a. 计算 $1m^3$ 一砌厚砖墙勾缝所需的时间

$$\text{每 } m^3 \text{ 砌体含墙面面积} = \frac{1}{0.24 \times 1 \times 1} = 4.17 m^2$$

$$\text{每 } m^3 \text{ 砌体所需勾缝时间} = 9.6 \times 4.17 = 40 \text{min}$$

b. 计算 $1m^3$ 一砖半墙体勾缝所需时间

$$\text{每 } m^3 \text{ 砌体含墙面面积} = \frac{1}{0.365 \times 1 \times 1} = 2.76 m^2$$

$$\begin{aligned}&\text{每 } m^3 \text{ 砌体所}\\&\text{需勾缝时间}\end{aligned} = 9.6 \times 2.74 = 26.3 \text{min}$$

c. 计算 $1m^3$ 二砖墙勾缝所需时间

$$\begin{aligned}&\text{每 } m^3 \text{ 砌体含}\\&\text{墙面面积}\end{aligned} = \frac{1}{0.49 \times 1 \times 1} = 2.04 m^2$$

$$\begin{aligned}&\text{每 } m^3 \text{ 砌体所}\\&\text{需勾缝时间}\end{aligned} = 9.6 \times 2.04 = 19.6 \text{min}$$

【例 7-2】 通过测定资料整理分析,已知铺筑卵石路基工作过程中各工序的作业时间,试求每 m^2 路基的作业时间,有关资料如下:

a. 各工序作业时间

砌路边石: 3min/m

卵石运输 50m 并铺撒在路上:18min/m^3

铺筑路基: 6min/m^2

b. 工程情况说明(见图 7-1)

路基宽度: 8m(包括两边侧石)

卵石路基厚: 0.15m

路边石宽: 0.15m

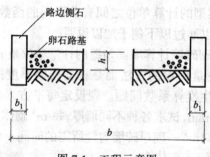

图 7-1 工程示意图

解:a. 计算各工序作业时间换算系数

$$\begin{aligned}&\text{路边侧石}\\&\text{换算系数}\end{aligned} K_1 = \frac{2}{\text{路面宽}} = \frac{2}{8} = 0.25$$

$$\begin{aligned}&\text{卵石运输及铺}\\&\text{撒换算系数}\end{aligned} K_2 = \text{路基厚} = 0.15$$

$$\text{铺筑路基换算系数} K_3 = \frac{\text{路基宽} - 2 \times \text{侧石宽}}{\text{路基宽}} = \frac{8 - 2 \times 0.15}{8} = 0.9625$$

b. 计算铺筑卵石路基工作过程作业时间

$$\begin{aligned}\text{铺筑路基作业时间} &= 3 \times K_1 + 18 \times K_2 + 6 \times K_3 \\ &= 3 \times 0.25 + 18 \times 0.15 + 6 \times 0.9625 = 9.23 \text{min/m}^2\end{aligned}$$

2. 准备与结束工作时间

准备与结束工作时间分为工作日和任务两种。

工作日准备与结束时间又称为班内的准备与结束工作时间，它只反映一天内上班的准备工作时间与下班前的结束工作时间。后者是对一批任务而言，在一批任务需要几天完成时所做的准备与结束时间。

(1) 工作日(班内)准备与结束时间

通常，在测定资料中可以获得一定的工作日准备与结束时间的数据，根据这些数据资料加以分析整理便可取定。另外，我们也可以通过编制准备与结束时间占工作日延续时间百分比的方式来确定准备与结束时间。部分专业工作工作日的准备与结束时间占工作日延续时间百分比表见表 7-1。

部分专业工作工作日的准备与结束时间占工作日延续时间百分比 表 7-1

序号	工作名称	占全部时间的百分比	序号	工作名称	占全部时间的百分比
1	油漆	2~3	11	混凝土	2.5~3.5
2	白铁	2~3	12	粗木房盖及楼地板制作及安装	2~3
3	钢筋绑扎	3~4			
4	细木机械制作	3~4	13	木模制作、安装与拆除	3.5~4.5
5	机械吊装	2.5~3.5	14	电焊	2~3
6	抹灰	2.5~3.5	15	筛洗砂石	1.5~2
7	钢筋平直、切断、弯曲、除锈	2.5~3.5	16	单、双轮车运输	2.5~3.5
			17	人工挖土、夯土等工作	1.5~2
8	细木手工制作与安装	3.5~4.5	18	挖河卵石	1.5~2
9	粗木天棚及隔墙制作与安装	2~5	19	人工扛运	2~2.5
			20	铺油毡与熬沥青工作	3~4
10	砖、瓦	2.0~2.5			

1) 工作日准备与结束时间占工作日作业时间百分比计算公式如下：

$$P_a = \frac{T_2' \times 100\%}{T_1'}$$

式中　P_a——工作日准备与结束时间占工作日作业时间百分比；
　　　T_2'——工作日准备与结束时间；
　　　T_1'——工作日作业时间。

2) 单位产品准备与结束时间

计算公式：

$$T_2 = T_1 \times P_a$$

式中　T_2——单位产品准备与结束时间；
　　　T_1——单位产品作业时间；
　　　P_a——工作日准备与结束时间占工作日作业时间百分比。

【例 7-3】 已知绑扎钢筋混凝土矩形梁钢筋的工作日作业时间是440min，工作日准备与结束时间是23min，共完成产品3.95t，求仅包含作业时间和准备与结束时间在内的单位产品时间定额。

解：a. 工作日准备与结束时间占工作日作业时间的百分比

$$P_a = \frac{23}{440} \times 100\% = 5.23\%$$

b. 单位产品作业时间

$$T_1 = \frac{440}{3.98} = 110.5 \text{min}$$

c. 单位产品准备与结束时间

$$T_2 = 110.55 \times 5.23\% = 5.78 \text{min}$$

d. 单位产品中仅包括作业时间和准备与结束时间的时间定额

时间定额 = $T_1(1 + P_a)$
　　　　 = $110.55 \times (1 + 5.23\%) = 116.33 \text{min/t}$

(2) 任务的准备与结束时间

任务的准备与结束时间是一批任务的开始与结束时产生的，

不一定反映在每个工作班内。假如一批任务需要5天完成,那么,第一天的准备时间和第5天的结束时间可能较长。因为它不同于每天上班交底及下班前清理工作地点和收拾工具的工作日准备与结束时间。

任务的准备与结束时间不能集中放在某一个工作日中,而要采取分摊的方法,分摊到单位产品的时间定额里。

任务准备与结束时间,可以根据实际观察和测定的资料合理取定。

1) 单位产品时间定额只考虑作业时间和任务的准备与结束时间

计算公式为:

$$N_{1.2}' = \frac{T_2''}{V} + T_1$$

式中　$N_{1.2}'$——只考虑作业时间和任务的准备与结束时间的单位产品时间定额;

　　　T_2''——任务的准备与结束时间;

　　　V——任务量;

　　　T_1——作业时间。

2) 最小任务量确定及其作业

通过上式,可以知道,任务量的大小,决定着分摊数值的多少。如果我们把5%的任务的准备与结束工作时间列入到单位产品的时间定额中去,那么可知:

$$N_{1.2}' = T_1(1 + 5\%) = 1.05T_1$$

如果我们再考虑5%的计算误差,那么:

$$\frac{T_2''}{V} = (0.05 + 0.05)T_1 = 0.1T_1$$

从理论上讲,任务量 V 是可以扩大或减少到任何极限程度。为了合理分摊任务的准备与结束时间,在编制定额时,首先要规定一个适用于定额的最小任务量 V_{min},将 V_{min} 代入上式中,就得到:

$$\frac{T_2''}{V_{min}} = 0.1T_1$$

或 $V_{\min} = \dfrac{T_2''}{0.1 T_1}$

即 最小任务量 = $\dfrac{任务的准备与结束时间}{0.1 \times 单位产品作业时间}$

确定适用于定额最小任务量 $V_{\min}$ 的目的在于,在计算小于这个任务情况下的单位产品时间定额,该时间定额应该乘以适当的修正系数,调整时间定额。

【例 7-4】 绑扎钢筋骨架,完成每榀骨架的工作时间为 45min,熟悉图纸和工作台画线时间为 18min,求在小于最小任务量 $V_{\min}$ 的情况下,时间定额修正系数分别是多少?

解:a. 只考虑作业时间和任务的准备与结束时间的单位产品时间定额计算

$$N_{1.2}' = 1.05 T_1 = 1.05 \times 45 = 47.25 \text{min}$$

b. 适用定额最小任务量计算

$$V_{\min} = \dfrac{T_2''}{0.1 T_1} = \dfrac{18}{0.1 \times 45} = 4(榀)$$

c. 当任务等于 4 榀或大于 4 榀时,时间定额为

$$时间定额 = 47.25 \text{min}$$

d. 当 $V_1 = 1$ 榀骨架的时间定额

$$时间定额 = \dfrac{T_2''}{V_1} + T_1 = \dfrac{18}{1} + 45 = 63 \text{min}$$

定额修正系数 $K_1 = \dfrac{63}{47.5} = 1.326$,所以,时间定额应乘以系数 1.326。

e. 当 $V_2 = 2$ 榀骨架的时间定额

$$时间定额 = \dfrac{18}{2} + 45 = 54 \text{min}$$

定额修正系数 $K_2 = \dfrac{54}{47.5} = 1.137$,所以,时间定额应乘以系数 1.137。

f. 当 $V_3 = 3$ 榀骨架的时间定额

$$时间定额 = \frac{18}{3} + 45 = 51 \min$$

定额修正系数 $K_3 = \frac{51}{47.5} = 1.074$，所以，时间定额应乘以系数 1.074。

3．休息时间

休息时间是指工人在劳动中为了恢复体力所必需消耗的休息时间。

休息时间应该根据工作繁重程度及劳动条件而定，必须根据多次观测的资料加以综合分析，拟定一个各类工程疲劳程度和应该休息的时间标准。这个标准，一般以工作日必需休息的时间占工作班全部延续时间的百分比表示。例如，某部门在某地区根据搜集到的有关资料，整理出了一份建筑安装工程施工的正常情况下，工作劳动强度和工人必需休息时间参考表见表 7-2。

正常的工人附加必需休息时间表 表 7-2

工 程 名 称	强度类别	占全部作业时间 %
油漆 白铁（包括通风制作） 钢筋绑扎 细木机械制作 机械吊装、低压电工、仪表安装	轻体力工作	5
钢筋平直、切断、弯曲、除锈 细木手工制作与安装 电气照明安装 金属容器及构件制作 金属油罐制作、管道安装	中体力工作	5～9
混凝土、抹灰、砖瓦 粗木房盖及楼地板制作及安装 木模制作、安装与拆除 电焊、粗木天棚及隔墙制作与安装 筛洗砂石 双胶轮车运输	重体力工作	7～13
人力挖土、夯土等工作 挖河卵石 人力扛运	较重工作	10～20
铺油毡与熬沥青工作	特殊工作	10～25

(1)工作日休息时间计算

运用上表中工作日休息时间占工作日全部作业时间的百分比,就可以计算出工作日休息时间的数值,即

$$T_3' = 占工作日全部作业时间百分比 \times 480\text{min}$$

(2)工作日休息时间占工作日作业时间百分比计算

$$P_b = \frac{T_3' \times 100\%}{T_1'}$$

式中 P_b——工作日休息时间占全部作业时间百分比;

T_3'——工作日休息时间;

T_1'——工作日作业时间。

(3)单位产品休息时间计算

将 P_b 乘以单位产品作业时间 T_1,就可以得到单位产品休息时间 T_3,计算公式为:

$$T_3 = P_b \cdot T_1 = T_1 \times \frac{T_3' \times 100\%}{T_1'}$$

(4)只计算包括作业时间和休息时间的单位产品时间定额

计算公式为:

$$N_{1.3} = T_1 + T_3 = T_1 + (T_1 \times P_b) = T_1(1 + P_b)$$

(5)只计算包括作业时间、休息时间和准备与结束时间的单位产品时间定额

$$N_{1.2.3} = T_1 + T_2 + T_3 = T_1[1 + (P_a + P_b)]$$

4.不可避免的中断时间

不可避免的中断时间是指由于施工过程技术操作和组织上的各种原因,所造成的不可避免的中断时间。

工作日的不可避免中断时间 T_4' 可以通过测定观察取得。

(1)不可避免中断时间占工作日作业时间百分比计算,计算公式为:

$$P_c = \frac{T_4' \times 100\%}{T_1'}$$

(2)单位产品不可避免中断时间计算,计算公式为:

$$T_4 = T_1 \cdot P_c$$

【例 7-5】 根据个人工作日写实资料分析,可知完成某 $2.15m^3$ 产品的不可避免中断时间 18min,作业时间 452min,求工作日不可避免中断时间占工作日作业时间的百分比和单位产品不可避免中断时间。

解:a. 计算工作日不可避免中断时间占工作日作业时间百分比

$$P_c = \frac{T_4' \times 100\%}{T_1'} = \frac{18 \times 100\%}{452} = 3.98\%$$

b. 计算单位产品不可避免中断时间

$$T_1 = \frac{452}{2.15} = 210.23 \text{min}$$

$$T_4 = T_1 \cdot P_c = 210.23 \times 3.98\% = 8.37 \text{min}$$

(3) 不可避免中断时间的分析

在计时观察分析中,不可避免中断时间的确定是一项比较复杂的工作,应该根据具体情况分析确定。

当不可避免中断时间过长,生产中断,工人有机会利用这些时间恢复疲劳,则休息时间可相应减少。减少幅度可视生产实际情况而定。

当中断时间产生在工作日的开始时,此时工人才上班,不需要休息,这时只能视为不可避免中断时间。

有时,不可避免的中断时间可能产生在小组的部分工人之间。鉴于此类原因,可在制定的休息时间内减去一部分不可避免中断时间。但为了确保工人平均每小时至少有 3min 的连续休息时间,减少后的休息时间不能少于全部工作时间的 5%。

5. 定额时间计算

人工定额的定额时间包括作业时间、准备与结束时间、休息时间、不可避免中断时间。其计算公式为:

$$N = T_1 + T_2 + T_3 + T_4 = T_1[1 + (P_a + P_b + P_c)]$$

【例 7-6】 根据个人工作日写实资料已知,完成砌砖 $1.73m^3$

的作业时间 $T_1 = 422$min，工作日准备与结束时间 $T_2 = 26$min，休息时间 $T_3 = 17$min，不可避免中断时间 $T_4 = 15$min。试求该单位产品的时间定额。

解：a. 单位产品作业时间

$$T_1 = \frac{422}{1.73} = 244 \text{min/m}^3$$

b. 工作日准备与结束时间占工作日作业时间百分比

$$P_a = \frac{26 \times 100\%}{422} = 6.16\%$$

c. 工作日休息时间占工作日作业时间百分比

$$P_b = \frac{17 \times 100\%}{422} = 4\%$$

d. 工作日不可避免中断时间占工作日作业时间百分比

$$P_c = \frac{15 \times 100\%}{422} = 3.56\%$$

e. 单位产品时间定额

$$N = T_1[1 + (P_a + P_b + P_c)]$$
$$= 244 \times \left(1 + \frac{6.16 + 4 + 3.56}{100}\right) = 277.5 \text{min/m}^3$$

【例 7-7】 根据下列测定数据拟定双轮车 60m 运距运输标准砖的时间定额，数据如下：

双轮车装载量：　　　　　110 块/次
工作日作业时间：　　　　380min
每车装卸时间：　　　　　10min
往返一次运输时间：　　　2.88min
工作日准备与结束时间：　20min
工作日休息时间：　　　　28min
工作日不可避免中断时间：15min

解：a. 每运输一次所需时间

$$2.88 + 10 = 12.88 \text{min}$$

b. 每日单车运输次数

$$\frac{380}{12.88} = 29.5 \text{次}$$

c. 每工产量

$$110 \times 29.5 = 3240 \text{块}$$

d. 每运 1000 块砖的作业时间

$$\frac{1}{3.24} \times 380 = 117.28 \text{min}$$

e. 每运 1000 块砖的准备与结束时间占作业时间百分比

$$P_a = \frac{20 \times 100\%}{380} = 5.3\%$$

f. 每运 1000 块砖的休息时间占作业时间百分比

$$P_b = \frac{28 \times 100\%}{380} = 7.4\%$$

g. 每运 1000 块砖的不可避免中断时间占作业时间百分比

$$P_c = \frac{15 \times 100\%}{380} = 3.9\%$$

h. 每运 1000 块砖的时间定额

$$N = T_1 \times [1 + (P_a + P_b + P_c)]$$
$$= 117.28 \times \left(1 + \frac{5.3 + 7.4 + 3.9}{100}\right) = 136.75 \text{min}$$

6．人工定额拟定举例

通过下面砖墙面抹石灰砂浆的例子，说明人工定额的拟定过程。

砖墙面抹石灰砂浆人工定额的拟定分两步进行。第一步，计算基本数据；第二步，确定定额人工消耗量。

(1) 计算基本数据

1) 每 $1m^3$ 砂浆运输定额计算

运输距离如下：

地面水平运距	50m
建筑物底层或楼层	30m
垂直运输折合	20m
共计：	100m

运输方法:双轮车占 80%,人力占 20%
运输用工:双轮车运输每 $1m^3$ 砂浆 0.571 工日
人工运输,每 $1m^3$ 砂浆 0.725 工日
运输用工计算:
$$0.571 \times 80\% + 0.725 \times 20\% = 0.602 \text{ 工日}$$
增加用工:考虑递砂浆上脚手架和二次装卸,每 $1m^3$ 砂浆增加 0.123 工日
每 $1m^3$ 砂浆运输 100m 用工:
$$0.602 + 0.123 = 0.725 \text{ 工日}/m^3$$

2)六层以内垂直运输和加工计算

先确定使用机械类型和机械台班最大吊运量,然后根据劳动组织人数确定工作班的砂浆最大需用量和机械配的人力(不包括司机),再根据这些条件计算单位产品(每 $10m^2$)需增加的垂直运输用工数。

垂直运输机械:塔吊

每次装运量:200~250kg,折合 $0.11m^3$

装卸时间:112s

起动运行时间:底层到二层往返起动运行时间 47s,二层以上每层运行 25s

每天工作时间:400min

底层到二层每吊运一次时间:$112 + 47 = 159s = 2.65min$

台班产量:$0.11 \times \dfrac{400}{2.65} = 16.6m^3$

底层至五层每吊运一次时间:$112 + 47 + 25 \times 3 = 234s = 3.9min$

台班产量:$0.11 \times \dfrac{400}{3.9} = 11.3m^3$

(台班吊运量在 $16.6 \sim 11.3m^3$ 之间)

小组劳动组织:最多考虑 18 人

砂浆最大需用量:每人每天完成 $20m^2$,砂浆厚度 2.5cm,砂浆用量 $= 18 \times 20 \times 0.025 = 9m^3$

砂浆吊运次数:$9 \div 0.11 = 84$ 次

(砂浆需用量和吊运次数都在机械吊运能力之内。)

机械配备人力:按一般综合施工,每天吊盘装卸砂浆用工为 1.25 工日。

每 $10m^2$ 抹灰加工:$\dfrac{1.25}{9 \div 0.025} \times 10 = 0.035$ 工日 $/10m^2$

3) 每 $1m^3$ 砂浆调制定额用工计算

根据每 $1m^3$ 砂浆的用料量乘以运输用工,计算调制用工。

a. 每 $1m^3$ 砂浆用料

  砂　子:$1m^3$

  石灰膏:$0.135m^3$

  水　泥:200kg(水泥堆积密度 1429kg$/m^3$)

b. 双轮车运输:

  砂　子:运 50m,每 $1m^3$ 用工 0.151 工日

  石灰膏:运 100m,每 $1m^3$ 用工 0.474 工日

  水　泥:运 100m,每 $1m^3$ 用工 0.746 工日

c. 搅拌机用工

  砂浆台班产量为 $12m^3$,则时间定额为 $\dfrac{1}{12} = 0.083$ 工日 $/m^3$

d. 每 $1m^3$ 砂浆调制用工计算

$0.151 \times 1 + 0.474 \times 0.135 + 0.746 \times \dfrac{200}{1429} + 0.083 = 0.402$ 工日 $/m^3$

麻刀、纸筋、灰浆每 $1m^3$ 机械搅拌用工 0.588 工日,计算方法同上。

(2) 计算分项定额用工(以 $10m^2$ 为计量单位)

1) 调制砂浆用工计算

底层、中层砂浆:每 $1m^3$ 砂浆调制用工 0.402 工日,底层、中层砂浆厚 2.15cm,每 $1m^2$ 抹灰面砂浆量 $0.0215m^3$,每 $10m^2$ 抹灰砂浆调制用工为:

  $0.402 \times 0.0215 \times 10 = 0.086$ 工日 $/10m^2$

面层麻刀灰浆:每 $1m^3$ 灰浆调制用工 0.588 工日,麻刀灰浆

厚0.35cm,每$1m^2$抹灰面灰浆用量$0.0035m^3$,则每$10m^2$抹灰浆调制用工为：

$$0.588\times0.0035\times10=0.021\text{工日}/10m^2$$

每$10m^2$抹灰面的调制砂浆用工为：

$$0.086+0.021=0.107\text{工日}/10m^2$$

$$\text{产量定额：}\frac{1}{0.107}=9.35(10m^2/\text{工日})$$

2) 砂浆运输用工计算

100m运输距离,每$1m^3$用工0.725工日,每$10m^2$墙面抹灰的砂浆用量为$0.25m^3$,则砂浆运输用工为：

$$0.725\times0.25=0.181\text{工日}/10m^2$$

机械垂直运输用工每$10m^2$增加0.035工日,则砂浆运输用工为：

$$0.181+0.035=0.216\text{工日}/10m^2$$

$$\text{产量定额：}\frac{1}{0.216}=4.63(10m^2/\text{工日})$$

3) 抹灰技工定额用工确定

抹灰技工用工根据测定资料分析确定为：

底层：每$10m^2$,0.191工日

中层：每$10m^2$,0.298工日

面层：每$10m^2$,0.086工日

小计：0.575工日$/10m^2$

$$\text{产量定额：}\frac{1}{0.575}=1.74(10m^2/\text{工日})$$

4) 每$10m^2$石灰砂浆砖墙面抹灰综合用工计算将调制、运输、抹灰的分项定额综合。

$$0.107+0.216+0.575=0.898\text{工日}/10m^2$$

$$\text{产量定额：}\frac{1}{0.898}=1.11(10m^2/\text{工日})$$

将上述计算结果填入表7-3就完成了每$10m^2$石灰砂浆抹砖墙面人工定额的拟定工作。

石灰砂浆抹灰每 10m² 的人工定额　　表 7-3

项目	墙面			序号
	砖墙	混凝土墙	钢丝网墙	
综合	$\dfrac{0.898}{1.11}$			一
抹灰	$\dfrac{0.575}{1.74}$			二
运砂浆	$\dfrac{0.216}{4.63}$			三
调制砂浆	$\dfrac{0.107}{9.35}$			四
项目编号	×××	×××	×××	

第八章 材料消耗定额编制

第一节 概 述

一、材料消耗定额的概念

材料消耗定额是指在正常施工条件下,在合理使用材料的情况下,生产质量合格的单位产品所必须消耗的建筑安装材料的数量标准。

建筑安装材料包括一定品种规格的原材料、燃料、成品、半成品、配件和水、电、动力等资源。

二、材料消耗定额的构成

材料消耗定额由完成单位合格产品所必须消耗的材料净用量和材料损耗量构成。

直接用于合格产品上的材料叫材料净用量。

为完成合格产品产生的不可避免合理的场内运输损耗、加工制作损耗、施工操作损耗统称为材料损耗量。

材料消耗定额的净用量与消耗量之间有下列关系:

$$材料消耗量 = 净用量 + 损耗量$$

$$材料损耗率 = \frac{损耗量}{消耗量}$$

$$材料消耗量 = \frac{净用量}{1 - 损耗率}$$

三、材料消耗定额的作用

材料消耗定额是材料消耗的数量标准,它是企业管理、加强成本核算的重要工具,也是工程投标报价的重要基础。其主要作用如下：

1．材料消耗定额是施工企业材料需用量和储备量计划的重要依据；

2．是企业编制材料采购与供应计划的依据；

3．是工程项目上向工人班组签发限额领料单的依据；

4．是实行材料核算，推行经济责任制，促进材料合理使用的重要手段；

5．是工程投标报价的重要基础。

第二节　材料消耗定额的编制方法

一、直接性材料消耗量定额的编制

我们把构成工程实体所消耗的材料，称为直接性消耗材料。

1．现场技术测定法

现场技术测定法又称观察法，是通过在施工现场对生产某一产品的材料消耗量进行实际测定的一种方法。该方法根据测定资料，通过对产品数量、材料消耗量、材料净用量的计算，确定出单位产品的材料消耗量或损耗量。

采用该方法编制材料消耗定额，首先要选择观察对象。对选择的观察对象应符合下列要求：

(1)建筑构造和结构是典型工程；

(2)施工符合技术规范要求；

(3)材料品种和质量符合设计要求和工程质量验收规范要求；

(4)被测定的工人在节约材料和保证产品质量方面有较好的成绩。

其次是要做好观察前的准备工作。包括准备好标准运输工具、称量设备，并事先制定减少材料损耗的必要措施。

另外，通过观察测定，要取得材料消耗的数量和产品数量的完整资料。

现场技术测定法主要适用于制定材料损耗定额。因为，只有通过现场观察,才有可能测定出材料损耗的数量。同时,也只有通过现场观察,才能区别出哪些是可以避免的损耗,哪些属于难于避免的损耗,明确定额中不应列入可以避免的损耗。

通过现场观察确定损耗率的方法如下:

假如生产某个合格产品,现场测定某种材料的消耗量为 N,另外,根据图纸计算出该产品的材料消耗量为 N_0,则:该材料的损耗率 P

$$P = \frac{N - N_0}{N} \times 100\%$$

2. 试验法

试验法也称为实验室试验法。它是在实验室内进行观察生产合格产品材料消耗量的方法。这种方法主要研究产品强度与材料消耗量的数量关系,以获得各种配合比,并以此为基础计算出各种材料的消耗数量。例如,确定出混凝土的配合比,然后计算出每 m^3 混凝土中水泥、砂、石、水的消耗量。

试验法的优点是能更深入、更详细地研究各种因素对材料消耗的影响。其缺陷是无法估计到施工现场某些因素对材料消耗的影响。

3. 统计法

统计法也称统计分析法。它是以施工现场积累的分部分项工程使用材料数量、完成产品数量、完成工作原材料的剩余数量等统计资料为基础,经过分析整理,计算出单位产品材料消耗量的方法。其基本思路如下:

某分项工程施工时共领料 N_0,项目完工后,退回材料的数量为 ΔN_0,则用于该分项工程上的材料数量为:

$$N = N_0 - \Delta N_0$$

若该产品的产品数量为 n,则单位产品的材料消耗量为

$$m = \frac{N}{n} = \frac{N_0 - \Delta N_0}{n}$$

该方法比较简单易行,不需要专门组织人测定或试验。但也

有缺陷,一是该方法一般只能确定材料消耗量定额,不能确定净用量和损耗量定额;二是其准确程度受统计资料和实际使用材料的影响。所以,要注意统计资料的真实性和系统性,要有准确的领料退料记录和完成工程量的统计资料,同时要在较多的统计资料中认真选择适合的统计数据。

4. 理论计算法

理论计算法是根据施工图和建筑构造要求,用理论计算公式计算出产品的材料净用量的方法。

理论计算法主要适用于块、板类建筑材料的消耗量的确定。例如,砖、胶合板、铝合金板材、瓷砖、石膏板、半成品配合比用量等。

(1)墙体材料消耗量计算

例如,每 m^3 墙体标准砖用量及砂浆用量计算公式为:

1)某墙厚的标准砖净用量

$$\text{每 } m^3 \text{ 墙体标准砖净用量计算(块)} = \frac{1}{\text{墙厚} \times (\text{砖长} + \text{灰缝}) \times (\text{砖厚} + \text{灰缝})} \times \text{墙厚的砖数} \times 2$$

2)标准砖消耗量

$$\text{标准砖消耗量(块)} = \frac{\text{标准砖净用量}}{1 - \text{损耗率}}$$

3)每 m^3 砌体的砂浆净用量

$$\text{砂浆净用量}(m^3) = 1m^3 - \text{标准砖净用量} \times 0.24 \times 0.115 \times 0.053$$

4)每立方米砌体砂浆消耗量

$$\text{砂浆消耗量}(m^3) = \frac{\text{砂浆净用量}}{1 - \text{损耗率}}$$

【例 8-1】 当标准砖损耗率为 2%,砂浆损耗率为 3% 时,计算砌 $1m^3$ 240 厚砖墙的标准砖和砂浆消耗量。

解:a. 标准砖净用量

$$\text{标准砖净用量} = \frac{1}{0.24 \times 0.25 \times 0.063} \times 2 = 529.1 \text{ 块}$$

b. 标准砖消耗量

$$\text{标准砖消耗量} = \frac{529.1}{1-2\%} = 539.9 \text{ 块}$$

c. 砂浆净用量

$$\text{砂浆净用量} = 1 - 529.1 \times 0.24 \times 0.115 \times 0.053 = 0.226 \text{m}^3$$

d. 砂浆消耗量

$$\text{砂浆消耗量} = \frac{0.226}{1-3\%} = 0.233 \text{m}^3$$

(2)卷材消耗量计算

1)卷材消耗量计算公式

$$\text{铺每 100m}^2 \text{卷材净用量} = \frac{\text{每卷面积} \times 100}{(\text{卷材宽} - \text{长边搭接}) \times (\text{卷材长} - \text{短边搭接})}$$

$$\text{卷材消耗量} = \frac{\text{卷材净用量}}{1 - \text{损耗率}}$$

2)应用举例

【例 8-2】 油毡卷材防水,卷材规格 $0.915 \times 21.86 = 20 \text{m}^2$,长边搭接 160mm,短边搭接 110mm,损耗率 1%,试计算每 100m² 防水卷材的净用量和消耗量。

解:a. 每 100m² 防水油毡卷材净用量

$$\text{油毡卷材净用量} = \frac{20 \times 100}{(0.915 - 0.16) \times (21.86 - 0.11)}$$
$$= 121.79 \text{m}^2/100\text{m}^2$$

b. 油毡卷材消耗量

$$\text{油毡卷材消耗量} = \frac{121.79}{1-1\%} = 123.02 \text{m}^2/100\text{m}^2$$

【例 8-3】 高分子卷材(聚乙烯丙纶复合卷材)规格为 $1.0 \times 20 = 20 \text{m}^2$,长边、短边搭接长度均为 80mm,损耗率 1%,试计算每 100m² 高分子卷材净用量和消耗量。

解:a. 高分子卷材净用量

$$\text{卷材净用量} = \frac{20 \times 100}{(1.0 - 0.08) \times (20 - 0.08)}$$
$$= 109.13 \text{m}^2/100\text{m}^2$$

b. 高分子卷材消耗量

$$卷材消耗量 = \frac{109.13}{1-1\%} = 110.23 m^2/100 m^2$$

(3)砖柱标准砖消耗量计算

1)砖柱砌法及计算参数

矩形砖柱砌法见图8-1。

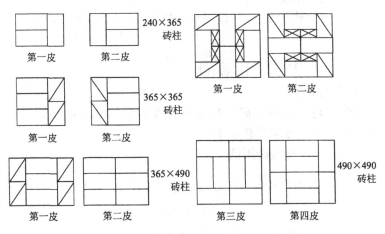

图8-1 矩形柱砌法示意图

砖柱计算参数见表8-1。

砖柱计算参数　　　　　表8-1

名称		一层块数	断面尺寸(mm)	竖缝长度(m)	砖损耗率(%)	砂浆损耗率(%)
方柱	一砖	2	240×240	0.24	3	1
	一砖半	4.5	365×365	0.96	3	1
	二砖	8	490×490	1.93	3	1
圆柱	二砖	8	490×490	1.93	7	1
	二砖半	12.5	615×615	3.16	7	1

2)计算公式

●方柱计算公式：

$$矩形柱标砖净用量(块) = \frac{一层的砖块数}{柱断面积 \times (砖厚 + 灰缝)}$$

$$\text{标砖消耗量(块)} = \frac{\text{净用量}}{1-\text{损耗率}}$$

砂浆净用量 $= 1\text{m}^3 -$ 砖净用量 $\times$ 单块砖体积

$$\text{砂浆消耗量} = \frac{\text{净用量}}{1-\text{损耗率}}$$

●圆柱计算公式:

圆柱的砖净用量和消耗量按方柱计算公式计算。

$$\frac{\text{圆柱砂浆}}{\text{净用量}} = \frac{(\text{圆柱断面积} + \text{竖缝长} \times \text{砖厚}) \times \text{灰缝厚}}{\text{圆柱断面积} \times (\text{砖厚} + \text{灰缝})}$$

$$\text{砂浆消耗量} = \frac{\text{净用量}}{1-\text{损耗率}}$$

3)应用举例

【例 8-4】 计算二砖方柱标准砖及砂浆的净用量和消耗量(砖损耗率 3%,砂浆损耗率 1%)。

解:a. 砖柱标准砖用量

$$\text{标砖净用量} = \frac{8}{0.49 \times 0.49 \times (0.053 + 0.01)}$$
$$= 528.88 \text{ 块}/\text{m}^3$$

$$\text{标准消耗量} = \frac{528.88}{1-3\%} = 545.24 \text{ 块}/\text{m}^3$$

b. 砂浆用量

砂浆净用量 $= 1 - 0.24 \times 0.115 \times 0.053 \times 528.88$
$= 0.226 \text{m}^3/\text{m}^3$

$$\text{砂浆消耗量} = \frac{0.226}{1-1\%} = 0.228 \text{m}^3/\text{m}^3$$

【例 8-5】 计算二砖圆柱标准砖及砂浆用量(砖损耗率 7%,砂浆损耗率 1%)。

解:a. 圆柱标砖用量

$$\text{标准砖净用量} = \frac{8}{0.7854 \times 0.49 \times 0.49 \times 0.063}$$
$$= 673.99 \text{ 块}/\text{m}^3$$

$$\text{标准砖消耗量} = \frac{673.39}{1-7\%} = 724.08 \text{ 块}/\text{m}^3$$

b. 砂浆用量

$$砂浆用量 = \frac{(0.7854 \times 0.49 \times 0.49 + 1.93 \times 0.053) \times 0.01}{0.7854 \times 0.49 \times 0.49 \times 0.063}$$

$$= 0.245 \text{m}^3/\text{m}^3$$

$$砂浆消耗量 = \frac{0.245}{1 - 1\%} = 0.247 \text{m}^3/\text{m}^3$$

二、周转性材料消耗量定额的编制

在建筑工程施工中，除了构成工程实体的直接性材料消耗外，还有另一类材料消耗，即周转性材料消耗。

周转性材料消耗是指在施工中随着多次使用而逐渐消耗的材料。该类材料在使用过程中不断补充、不断重复使用。如脚手架、挡土板、临时支撑、混凝土工程的模板等等。因此，周转性材料应按照多次使用，分次摊销的方法进行计算。

周转性材料消耗的指标有一次使用量、周转使用量、回收量、摊销量、补损率，其含义解释如下：

一次使用量是周转材料周转一次的基本量，即一次投入量；

周转使用量是每周转一次的平均使用量，即全部周转次数共投入量除以周转次数的数量；

回收量是指总回收量除以周转次数的平均回收量；

摊销量是定额规定的平均一次消耗量，是应分摊到每一分项工程上的消耗量，也是纳入定额的实际消耗量；

周转次数是周转材料重复使用的次数，可以用统计法或观察法确定；

补损率是指周转材料第二次及以后各次周转中，为了补充上次使用产生不可避免损耗量的比率，一般采用平均补损率来表示。

1. 现浇混凝土模板用量计算

(1) 每 m^3 混凝土的模板—一次使用量计算

$$每 \text{m}^3 混凝土的模板一次使用量 = \frac{1\text{m}^3 混凝土接触面积 \times 每 \text{m}^2 接触面积模板净用量}{1 - 制作损耗率}$$

(2) 周转使用量计算

$$周转使用量 = 一次使用量 \times \frac{1+(周转次数-1)\times 补损率}{周转次数}$$

(3) 回收量计算

$$回收量 = 一次使用量 \times \frac{1-补损率}{周转次数}$$

(4) 摊销量计算

$$摊销量 = 周转使用量 - 回收量 \times 折旧率$$

2. 现浇混凝土模板用量计算实例

【例 8-6】 根据选定的现浇混凝土矩形梁设计图纸计算出，每 $10m^3$ 矩形梁模板接触面积为 $68.7m^2$，每 $10m^2$ 接触面积需枋板材 $1.64m^3$，制作损耗率为 5%，周转次数为 5 次，补损率 15%，模板折旧率 50%。试计算每 $10m^3$ 矩形梁的模板摊销量。

解：a. 模板一次使用量计算

$$一次使用量 = \frac{1.64 \times 6.87}{1-5\%} = 11.86 m^3$$

b. 周转使用量计算

$$周转使用量 = 11.86 \times \frac{1+(5-1)\times 15\%}{5}$$

$$= 11.86 \times 0.32 = 3.80 m^3$$

c. 回收量计算

$$回收量 = 11.86 \times \frac{1-15\%}{5} = 2.02 m^3$$

d. 摊销量计算

$$摊销量 = 3.80 - 2.02 \times 50\% = 2.79 m^3/10m^3$$

故每 $10m^3$ 矩形梁模板摊销量为：$2.79m^3$。

3. 预制混凝土构件模板用量计算

预制混凝土构件模板摊销量计算，不考虑损耗率，按多次使用，平均分摊的办法计算。

(1) 计算公式

$$摊销量 = \frac{一次使用量}{周转次数}$$

(2)应用举例

【例 8-7】 根据选定的预制钢筋混凝土过梁图纸,计算出每 $10m^3$ 构件的模板接触面积为 $89.56m^2$,每 $10m^2$ 所需的枋板材用量为 $1.26m^3$,制作损耗率 5%,周转 30 次,试计算每 $10m^3$ 预制过梁模板摊销量。

解:a. 计算模板一次使用量

$$一次使用量 = \frac{1.26 \times 8.956}{1 - 5\%} = 11.88m^3$$

b. 计算模板摊销量

$$摊销量 = \frac{11.88}{30} = 0.396m^3/10m^3$$

4. 摊销量的简化计算

模板摊销量计算不分现浇和预制构件,均采用一个公式计算。

(1)计算公式

$$摊销量 = \frac{一次使用量 \times (1 + 施工损耗率)}{周转次数}$$

(2)应用举例

【例 8-8】 根据某施工图计算出每 $10m^3$ 矩形柱的组合钢模板接触面积为 $85m^2$,损耗率为 1%,周转 50 次。

$$解:组合钢模板摊销量 = \frac{85 \times (1 + 1\%)}{50} = 1.72m^2/10m^3$$

第九章 机械台班定额编制

第一节 概 述

一、机械台班定额的概念

机械台班定额是在合理使用机械和合理施工组织条件下,完成单位合格产品所必须消耗的机械台班数量。

一台机械工作 8h,称为一个台班。

二、机械台班定额的表达形式

1. 机械时间定额

机械时间定额是指在正常施工条件和合理劳动组织条件下,某种型号的机械完成单位合格产品所必须消耗的台班数量。

$$机械时间定额 = \frac{1}{机械产量定额}$$

2. 机械产量定额

机械产量定额是指在正常施工条件和合理劳动组织条件下,某种机械在一个台班时间内必须完成合格产品的数量。

$$机械台班定额 = \frac{1}{机械时间定额}$$

3. 应用举例

【例 9-1】 用 6t 塔式起重机吊装某预制构件的工作由一名吊车司机,7 名安装起重工,2 名电焊工组成的综合小组完成。已知机械产量定额为 40 块/台班,试求吊装每块构件的机械时间定额和人工时间定额。

解:a. 计算吊装一块构件的机械时间定额

$$机械时间定额 = \frac{1}{机械产量定额} = \frac{1}{40} = 0.025 \text{ 台班/块}$$

b. 计算每吊装一块构件的人工时间定额

Ⅰ. 分工种计算

吊车司机时间定额：$1 \times 0.025 = 0.025$ 工日/块

起重工时间定额： $7 \times 0.025 = 0.175$ 工日/块

电焊工时间定额： $2 \times 0.025 = 0.050$ 工日/块

小计： 0.25 工日/块

Ⅱ. 按综合小组计算

$$人工时间定额 = \frac{1+7+2}{40} = \frac{10}{40} = 0.25 \text{ 工日/块}$$

第二节 机械台班定额的拟定

一、拟定正常施工条件

机械正常施工条件的拟定，主要根据机械施工过程的特点和充分考虑机械性能及装置的不同要求。

1. 机械时间定额

机械工作班内的时间，按其与生产产品的关系，可以分为与生产有关的时间和与生产无关的时间两部分。

定额时间是机械为完成产品所必须消耗的时间。为了便于应用，我们将机械施工过程的定额时间，分为净工作时间和其他工作时间两大类。

定额时间的构成如下：

(1)净工作时间

净工作时间，是指工人利用机械对劳动对象进行加工，用于完成基本操作所消耗的时间，它与完成产品的数量成正比。主要包括以下几个方面：

1)机械有效工作时间

指机械直接为完成产品而消耗的工作时间。包括机械在正常负荷下的工作时间和降低负荷下的工作时间。此外,还应包括为完成产品而进行的准备与结束工作时间。如开工前的试运转、加油、检查等准备工作时间,以及停机后的机械就位、清洗工作等结束工作时间。

2)机械在工作循环中不可避免的无负荷时间,如运输汽车的空车返回时间。

3)与操作有关的、循环的不可避免中断时间。

这是指机械在生产循环中,因为工艺上或技术上、组织上的原因而发生停机的时间。如运输汽车等待装卸的时间,机床在完成了一个零件的切削工作以后,停机卸下工件并装上新工件的时间。

(2)其他工作时间

其他工作时间指除了净工作时间以外的定额时间,主要包括以下几个方面:

1)机械定期的无负荷时间和定期的不可避免中断时间。

2)操作机械或配合机械工作的工人,在进行工作班内或任务内的准备与结束工作时间所造成的不可避免的中断时间。

3)操作机械或配合机械工作的工人休息所造成的机械不可避免的中断时间。

确定工作班内定额时间的构成,主要是确定净工作时间的具体数值或者与工作班延续时间的比值。这些数据需要依据对机械施工过程进行多次工作日写实的记录结果,并考虑机械说明书等有关资料的认真分析后取定。

(3)机械时间利用系数

机械时间利用系数是指机械净工作时间与工作班延续时间的比值,即

$$K_B = \frac{t}{T}$$

式中　K_B——机械时间利用系数;

　　　t——机械净工作时间;

　　　T——工作班延续时间。

2. 非定额时间

非定额时间也称损失时间,是指机械工作班内与生产产品无关的时间损失。一般发生非定额时间的原因有以下几个方面:

(1) 多余工作时间

是指在产品生产过程中超过工艺规定的工作时间。

(2) 违反劳动纪律损失的时间

是指没有按时上下班及在工作时间闲谈等所损失的时间。

(3) 机械停工损失时间

机械停工的原因可以分为与施工有关的停工和非施工原因造成的停工。

二、确定机械净工作 1h 生产率

施工机械可分为循环和连续动作两种类型。在确定净工作 1h 生产率时,应分别对这两类机械进行分析研究。

1. 循环动作机械

循环动作机械净工作 1h 生产率,取决于该机械净工作 1h 的正常循环次数和每次循环的产品数量。计算公式为:

$$N_h = n \cdot m$$

式中 N_h——机械净工作 1h 生产率;

n——机械净工作 1h 的循环次数;

m——每次循环的产品数量。

确定循环次数 n,首先必须确定每一循环的正常延续时间。而每一循环的延续时间等于该循环各组成部分正常延续时间之和 $(t_1+t_2+t_3+\cdots\cdots+t_n)$。一般,应通过技术测定并在观察中根据各种不同的影响因素,确定相应的正常延续时间。

净工作 1h 正常的循环次数可由下列公式计算:

$$n = \frac{60}{t_1 + t_2 + t_3 + \cdots\cdots + t_n}$$

机械每次循环所产生的产品数量 m,同样可以通过计时观测求得。

2. 连续动作机械

连续动作机械的净工作 1h 生产率,主要依据机械性能来确定。

在一定条件下,净工作 1h 生产率通常是一个比较稳定的数值。该生产率是通过试验或实际观察的方法,计算出一定时间内完成产品的数量,然后按下式计算:

$$N_h = \frac{m}{t}$$

式中　N_h——机械净工作 1h 生产率;
　　　t——机械工作延续时间;
　　　m——机械工作延续时间的产品数量。

三、机械台班产量

机械台班产量等于该机械净工作 1h 生产率乘以工作班的延续时间,再乘以台班时间利用系数求得。计算公式如下:

$$N_{台班} = N_h \cdot T \cdot K_B$$

式中　$N_{台班}$——机械台班产量;
　　　N_h——机械净工作 1h 生产率;
　　　T——工作班延续时间;
　　　K_B——台班时间利用系数。

第三节　机械台班定额制定方法

施工机械的种类较多,但制定定额的要求基本一致。下面通过常用施工机械台班定额的制定过程,介绍机械台班定额的编制方法。

一、混凝土搅拌机

混凝土搅拌机按其动作性质可分为周期式和连续式两类。连续式是指连续出料;周期式是指加料、搅拌、出料在一定周期内循环进行。

就搅拌机的工作原理来说,又分为强制式、自落式两种。其设计容积不同,规格也不同。

在一定的后台上料设备和合理劳动组织情况下,周期式混凝土搅拌机净工作 1h 生产率可按下式计算:

$$N_h = \frac{3600}{t} \cdot m \cdot K_A$$

式中 m——搅拌机设计容积(m^3);

K_A——混凝土出料系数(混凝土出料体积与搅拌机设计容积的比值);

t——混凝土搅拌机每一循环的工作延续时间(s)。

应该指出,机械每一循环的延续时间,应该扣除交叠动作的延续时间。例如,使用周期式搅拌机搅拌混凝土,其砂、石、水泥的运输时间为 t_1,砂、石、水泥的进料时间为 t_2,混凝土搅拌时间为 t_3,出料时间为 t_4。当 $t_1 \leqslant t_2 + t_3 + t_4$ 时,即砂、石、水泥的运输是在后台工作,搅拌机可以不停顿运转。这时,每一循环的延续时间不应包括 t_1,即

$$t = t_2 + t_3 + t_4$$

若 $t_1 > t_2 + t_3 + t_4$ 时,即砂、石、水泥的运输时间较长,搅拌机将出现循环的中断时间 t_5,即

$$t_5 = t_1 - (t_2 + t_3 + t_4)$$

此时,每一循环的延续时间则包括 t_5,为:

$$t = t_2 + t_3 + t_4 + t_5$$

为了保证搅拌机最大的生产能力,应尽量减少搅拌机的中断时间,也就是尽量减少砂、石、水泥的运输时间。如果出现问题,我们可采用机械运输代替人力运输,或者通过改善劳动组织,合理配备运输工人来解决。

周期式混凝土搅拌机的台班产量定额,可按下列公式确定:

$$N_{台班} = N_{小时} \cdot 8 \cdot K_B$$

式中 K_B——机械时间利用系数。

二、水平运输机械

水平运输机械包括载重汽车、自卸汽车、散装水泥罐车、皮带运输机、机动小翻斗车等。

1. 自卸汽车

自卸汽车在土石方工程施工中,主要用来配合装载机、挖土机进行土石方的运输作业。自卸汽车具有操作灵活、车箱能自动倾翻、卸料等特点。

(1)自卸汽车每一循环的组成

自卸汽车运输的每一循环,主要由下列过程组成:

1)装车;

2)从装车地点运到卸车地点;

3)卸车;

4)回到装车地点;

5)停放妥当等待装车。

每一循环的延续时间 t,可用下式计算:

$$t = \frac{2L}{V} + t_a + t_b + t_c + t_d$$

式中　L——装车地点至卸车地点的距离(m);

V——平均行驶速度(m/min)。指重车平均行驶速度 V_1 与空车平均行驶速度 V_2 的平均值,即 $V = \frac{V_1 + V_2}{2}$;

t_a——装车时间;

t_b——卸车时间;

t_c——调位时间;

t_d——候装时间。

(2)影响自卸汽车每一循环延续时间的因素

通过上述分析,可以知道影响自卸汽车运输每一循环延续时间的主要因素有以下几个方面:

1)装车时间。与装车机械的生产效率、自卸汽车的载重量及车箱容积有关;

2)运输距离;

3)平均行驶速度。与道路的等级、通过平交路口数量、坡度大小等有关;

4)卸车时间。与卸车场倒车距离、工作面配备汽车数量是否合理有关。

进行计时观察时,应对上述各种影响因素全面加以研究。

(3)净工作 1h 生产率

自卸汽车配合挖土机的生产率可按下列公式计算净工作 1h 生产率。

$$N_{小时} = \frac{60}{t} \cdot m$$

式中　t——每一循环的延续时间(min);

　　　m——每车定额容量,即平均装载量(m^3);

$$m = \frac{Q_0 \cdot K_d}{P}$$

式中　Q_0——自卸汽车设计载重量(kg);

　　　K_d——自卸汽车载重量利用系数(0.95~1);

　　　P——土方的堆积密度(kg/m^3)。

(4)台班产量定额

拟定台班产量定额的公式如下:

$$N_{台班} = N_{小时} \cdot 8 \cdot K_B$$

式中　K_B——时间利用系数。

2．构件运输汽车

构件运输汽车是为吊装现场服务的汽车。有条件的施工现场可事先按平面布置规划提前将构件运进工地。多数情况下,由于场地不够,只有安排随运随吊。这时,就需要计算构件运输车辆应配备的数量。确定构件运输车辆时应以满足吊装进度为原则。要通过车种、运距、车速、装车和卸车等因素进行计算。以保证吊装起重机的最大生产率。

确定构件运输车辆的生产率,必须先研究纯运输装卸作业时间和一次循环的延续时间。

(1)一次循环的组成

构件运输车辆的一次循环由下列过程组成:

1)在构件厂装车；
2)从装车地点运至工地；
3)在工地卸车；
4)空车回到构件厂。

一次循环时间可由下列公式计算：

$$t = t_a + \frac{2L_2}{V} + t_b$$

式中　t——每装卸一次循环时间(h)；

　　　t_a——每装一车所需时间(h)；

　　　L_2——装车地点到卸车地点的距离(km)；

　　　V——平均行驶速度(km/h)。指重车与空车运行的平均速度；

　　　t_b——卸车时间(h)。

测定以上数据，应注意各种因素的影响。如路面情况，穿过的平交路口有多少，装卸地条件等等。

(2)台班车次

台班车次计算公式如下：

$$E = \frac{8 \cdot K_B}{t}$$

式中　E——台班车次；

　　　K_B——台班时间利用系数；

　　　t——每一次循环延续时间。

(3)台班产量

台班产量计算公式如下：

$$N = Q \cdot K_C \cdot E$$

式中　Q——车辆设计吨位；

　　　K_C——装载系数(实际装载吨位与车辆吨位的比值)。

3．机动翻斗车

机动翻斗车体积小，轻便灵活，可以自动倾翻卸料。适用于建筑工地不太远的距离做材料、混凝土、砂浆的水平运输工具。

(1) 一次循环时间

机动翻斗车属于循环作业机械。在作业过程中,影响其作业的因素不多,其一次循环时间可以由候装时间和运行时间组成。计算公式为:

$$t = t_1 + t_2$$

式中　t——每次循环延续时间;
　　　t_1——候装时间;
　　　t_2——运行时间。

t_1 与装车条件有关。如配备的人员多少、装车方式、装车效率、待装对象的储运情况等。候车时间可以通过技术测定数据取得。

t_2 可以通过计算取得,计算公式为:

$$t_2 = \frac{2L}{V}$$

式中　L——行驶距离(km);
　　　V——平均行驶速度(km/h)。

除上述时间外,还有调位时间和卸车时间,由于在一般情况下,其所占比重较小,所以合并考虑在运行时间里了。

(2) 净工作 1h 生产率

净工作 1h 生产率可按下列公式计算:

$$N_{小时} = \frac{60}{t} \cdot m$$

式中　t——每一次循环延续时间;
　　　m——每车平均装载量(体积或重量)。

(3) 台班产量

$$N_{台班} = N_{小时} \cdot 8 \cdot K_B$$

式中　K_B——台班时间利用系数。

4. 皮带运输机

皮带运输机是一种结构简单、应用广泛、效率高、成本低的连续运输机械。它适用于建筑工地上的散、碎材料的水平运输,也可以在18°以内倾斜角的情况下进行低层垂直运输。

皮带运输机胶带的宽度不一,长度一般在5~20m之间。

(1)净工作1h生产率

皮带式运输机有移动式、固定式、节段式三种。它们的生产率计算都比较简单,可按下列公式计算:

$$N_{小时} = \frac{60}{V} \cdot m \cdot K_A$$

式中　V——皮带运输机的工作速度(m/min);

　　　m——运输皮带平均每米承载的物料重量(kg/m);

　　　K_A——送料均匀系数。

平均每米承载的物料重量,受物料种类和加料方法的影响。一般根据实测数据计算送料均匀系数。

(2)台班产量

台班产量计算公式如下:

$$N_{台班} = N_{小时} \cdot 8 \cdot K_B$$

式中　K_B——台班时间利用系数。

三、吊装起重机械

与建筑工程施工有关的吊装机械主要包括固定式、自行式塔吊、轮胎式、履带式吊车等。

1．影响因素

不同的吊装对象和使用不同的起重机械、吊装方法,对制定吊装定额都有较大的影响。这些影响因素主要包括:

(1)机械性能;

(2)安装高度;

(3)构件重量;

(4)构件几何尺寸;

(5)工作角度等。

在合理施工条件和正常发挥机械性能的情况下,要研究充分利用起重机的工作时间问题。如果是单纯的构件吊装队工作,起重机的工作只与安装工人小组的工作有直接依赖关系;如果是配合吊装混凝土、砂浆、砌块等工作,起重机的工作则与所配合的混凝土班组、抹灰班组、砖工班组的工作有直接依赖关系。因此,需要考虑起重机与工程量、工期的关系,要合理安排起重机循环延续时间与工人小组循环延续时间。

2. 起重机与工程量、工期的关系

起重机与工程量、工期之间的关系可以用下式表示:

$$N = \frac{1}{T \cdot C \cdot K_B} \times \sum \frac{Q}{P}$$

式中　N——起重机台数;

　　　T——建筑物施工计划工期(d);

　　　C——每天工作班次数(次);

　　　K_B——机械时间利用系数;

　　　Q——每种构件吊装的工程量(件或 t);

　　　P——起重机的台班产量定额(件或 t/台班)。

3. 合理安排起重机循环延续时间与工人小组循环延续时间

吊装时间可以分为两部分。一部分是由起重机和安装工人小组协同工作的时间,即从起重机吊送构件至安装位置,到解下构件挂钩时的时间;另一部分是起重机和安装工人小组各自独立的工作时间,该时间用下列公式表示:

$$t_1 = t_c + t_d$$
$$t_2 = t_c + t_e$$

式中　t_1——起重机循环延续时间(min);

　　　t_2——安装工人小组的循环延续时间(min);

　　　t_c——包括起重机和安装工人小组协同工作的循环组成部分的延续时间(min);

　　　t_d——起重机独立工作的循环组成部分的延续时间(min);

　　　t_e——安装工人小组独立工作的循环组成部分的延续时间(min)。

我们知道,为了使起重机的工作不产生等待安装工人小组独

立工作产生的不可避免的中断时间,就必须使安装工人小组独立工作的延续时间不超过起重机独立工作的延续时间,即

$$t_e \leqslant t_d$$

若出现 $t_e > t_d$ 时,在一般情况下,可增加小组人数,来达到缩短工人小组独立工作的延续时间的目的。也可以采取一台起重机配合几个工人小组工作的方法来解决。这样,上述公式就变为:

$$\frac{t_e}{Z} \leqslant t_d$$

式中　Z——同一台起重机配合工人小组的组数。

4. 净工作 1h 的正常循环次数

如果采取了上述措施,起重机就不会产生不可避免的中断时间。因此,起重机净工作 1h 的正常循环次数为:

$$n' = \frac{60}{t_c + t_d}$$

5. 净工作 1h 生产率

综上所述,起重机净工作 1h 生产率的计算公式为:

$$N_{小时} = \frac{60}{t_c + t_d} \cdot m$$

式中　m——每次吊装的数量。

然而,在实际工作中,起重机在工作时间内,很难做到不产生不可避免的中断时间。这时,应该通过技术测定工作,把每一循环所发生的不可避免中断时间计算出来。所以,实用的起重机净工作 1h 生产率的计算方法为:

$$N_{小时} = \frac{60}{t_c + t_d + t_3} \cdot m$$

式中　t_3——每一循环不可避免中断时间。

6. 台班产量

起重机台班产量可用下列公式计算:

$$N_{台班} = N_{小时} \cdot 8 \cdot K_B$$

式中　K_B——机械时间利用系数。

第十章 企业定额编制

第一节 概 述

一、企业定额的概念

企业定额亦称施工企业定额,简称企业定额。它是指建筑安装企业以工程建设各类技术与管理规范为依据,在合理组织施工和安全操作条件下,规定消耗在单位合格产品上的人工、材料、机械台班的数量标准。

企业定额是施工企业结合自身管理和技术装备素质,在定性和定量分析资源要素,并合理配置的基础上,遵循市场经济规律,采用科学的技术测定方法编制的。它所规定的消耗量标准,一方面反映了市场经济条件下企业为市场提供质量合格单位产品必须达到的要素含量;另一方面也反映了施工企业工作质量和产品质量的高低,以及衡量工作效率取得劳动报酬多少的重要尺度。

企业定额反映了本企业平均先进生产力水平。

企业定额一般由人工定额、材料消耗定额和机械台班定额构成。

二、企业定额的作用

企业定额的作用是通过企业内部管理和外部经营活动体现出来的。如何发挥企业定额在内部管理和外部经营活动中以最少的劳动与物质资源的消耗,获得最大的效益,是施工企业在激烈的市场竞争中能否占领市场,掌握市场主动权的关键所在。

企业定额所规定的消耗量指标,是企业资源优化配置的反映,是本企业管理水平与人员素质的企业精神的体现。在以提高产品质量、缩短工期、降低产品成本和提高劳动生产率为核心的企业经营与管理中,强化企业定额的管理,实行有定额的劳动,永远是企业立于不败之地的重要保证。因此,在企业组织资源进行施工生产和经营管理中,企业定额应发挥以下作用:

1. 企业定额是编制施工组织设计和施工作业计划的依据

施工组织设计是企业全面安排和指导施工的技术经济文件,是保证施工生产顺利进行不可缺少的条件。

施工组织设计主要包括三部分内容,即确定所建工程的资源需用量;拟定使用这些资源的最佳时间安排;做好施工现场的平面规划。企业定额是确定所建工程资源需用量的依据。

施工作业计划分为月作业计划和旬作业计划。无论是月计划、旬计划,都要对劳动力需用量、施工机械进行平衡;都要计算材料、预制品及混凝土的需用量;要计算实物工程量,建筑安装工程产值等等。这些都要以企业定额为依据编制。

2. 企业定额是项目经理部向班组签发施工任务单和限额领料单的依据

施工任务单是将施工作业计划落实到班组的执行文件,也是记录班组完成任务情况和结算劳动报酬的依据。施工任务单中完成任务的产量定额、工日数量都要根据企业定额计算。

限额领料单是随施工任务单同时签发的领取材料的凭证。这一凭证是根据企业定额中材料消耗定额填写计算的。该领料单是班组完成规定任务所消耗材料的最高限额。

3. 企业定额是贯彻经济责任制,实行按劳分配的依据

经济责任制是实行按劳分配的有力保证。按劳分配就是按劳动者的劳动数量和质量进行分配。劳动质量可折算为劳动数量,所以实质上是按劳动数量进行分配。

经济责任制是以劳动者对企业承担经济责任为前提,超额有奖,完不成定额受罚,使劳动者的个人利益与生产成果紧密联系起来。劳动者劳动成果的好坏,其客观标准以企业定额为基础。因

此,企业定额是贯彻经济责任制,实行按劳分配的依据。

4．企业定额是编制施工预算,实行成本管理的基础

施工预算是施工企业用以确定单位工程上人工、材料、机械台班消耗量的技术经济文件。施工预算除了根据施工图编制外,另一个重要依据就是企业定额。

施工预算反映了合理的工程预算成本。通过施工预算指导班组核算和企业成本核算是控制工程实际成本的有效手段。因此,企业定额是实施成本管理的重要基础。

5．企业定额是工程投标报价的重要基础

《建设工程工程量清单计价规范》实施以后,采用工程量清单计价方式进行招投标,投标单位可以根据国家指导定额进行投标报价,也可以根据企业定额进行投标报价。在建筑市场激烈竞争的今天,为了使自己占据有利地位,承包商采用企业定额进行投标报价,往往是决策者的首选方案。因此,企业定额是工程投标报价的重要基础。

三、企业定额编制原则

1．平均先进水平原则

应该明确,所编制的企业定额应达到本企业劳动生产率的平均先进水平。

定额水平是编制定额的核心问题。平均先进水平是指在正常施工条件下,经过努力,多数生产者或班组能够达到或超过的水平,少数生产者或班组可以接近的水平。一般说来它低于先进水平,而略高于平均水平。因为我们要通过执行企业定额达到提高企业生产力水平的目的,所以只有采用平均先进水平才能促进企业生产力水平的提高,才能增强企业的竞争能力。

要使企业定额达到平均先进水平。首先,要处理好数量与质量的关系;要在生产合格产品的前提下,规定必要的资源消耗量标准;生产技术必须是成熟的并得到了推广应用;产品质量必须符合现行质量及验收规范的要求。

其次,对技术测定的原始资料要进行分析整理,剔除个别、偶

然、不合理的数据,尽可能使计算数据具有代表性、实践性和可靠性。

第三,要选择正常的施工条件、正确的施工方法和方案,劳动组织要适合劳动者的操作和劳动生产率的提高。

第四,要合理选择观察对象,规定该施工过程选用的机具、设备和操作方法,明确规定原材料和构件的规格、型号、运距和质量要求。

第五,从实际出发,调整定额子目之间和水平的平衡,处理好自然条件带来的劳动生产率水平不平衡因素。

总之,在确定企业定额水平时,既要考虑本企业的实际情况,又要考虑市场竞争的环境。

2. 简明适用原则

为了能够满足组织施工生产、计算工人劳动报酬、计算工程投标报价等多种需要,企业定额应该满足简单明了、容易掌握、便于使用等要求。

企业定额的表现形式、项目划分、计量单位、工程量计算规则都应按上述要求确定。工、料、机消耗量要正确反映本企业实际的生产力水平。

3. 专业人员与群众相结合,以专业人员为主的原则

编制企业定额是一项技术性很强的工作,需要对项目进行大量现场测定和数据整理、分析,业务要求较高。因此,必须要有专业技术人员来完成。

工人群众是执行定额的主体,又是测定定额的对象。他们对施工生产中实际发生的各种消耗量最了解,对定额执行情况和其中的问题最清楚。所以,在编制定额过程中要注意征求他们的意见,取得工人群众的支持和配合。

贯彻专家与群众相结合,以专家为主编制定额的原则,有利于提高定额的编制质量和水平,有利于定额的贯彻执行。

4. 独立自主的原则

施工企业是具有法人地位的经济实体。国家允许企业根据

自己的具体情况和市场竞争法则,以企业盈利为目的,自主地编制企业定额,作为工程投标报价的计算依据。贯彻这一原则,能更好地在建筑市场竞争中,不断提高本企业的管理水平和竞争能力。

第二节 编制企业定额的基础工作

一、拟定定额编制方案

定额编制方案主要包括以下基本内容:

1. 明确编制企业定额的原则,基本方法和主要依据

该内容已在前面章节中叙述,这里不再赘述。

2. 确定所编定额项目的综合程度

确定所编定额项目的综合程度也就是如何划分企业定额项目。

为了使编制出的企业定额满足简明适用的要求,具有一定的综合性,就需要确定定额的综合程度,合理划分好定额项目。

一般情况下,企业定额的划分,以人工定额项目划分为基础,适当考虑材料消耗定额和机械台班定额后综合确定。在确定工作过程时间定额的基础上,确定定额项目的综合程度,一般要遵循以下要求:

(1)定额的项目综合,不能包括彼此逐项隔开的工序;

(2)划分的定额项目不能把适宜由不同专业的工人,或不同组成的小组完成的工序连结在一起;

(3)企业定额应该具有可分可合的灵活性,以满足不同的需要。

定额的项目划分是否合理,对组织施工生产、企业成本核算、班组核算和投标报价,都有较大的影响。因此,定额项目的综合程度必须做到恰到好处。我们要在确定编制方案时,要对方案进行反复修改或者进行多方案比较,筛选出最佳方案,以利于编制工作的顺利进行。

3. 选择计量单位

定额计量单位的选择,要从使用定额的实际出发。

选择计量单位应遵循下列原则:

(1)选择的计量单位要能够准确地、形象地反映出定额产品的形态特征;

(2)施工过程各组成部分的计量单位,应尽可能相同,便于定额的综合;

(3)计量单位的大小要切合实际,既要方便使用,又要简明适用,保证定额应有的精确度;

(4)要便于组织施工,便于统计和核算工作的完成,便于工人掌握,便于计算和验收工程量,便于计算工程报价;

(5)选择的计量单位必须以国家规定的法定计量单位为准。需要扩大单位时,必须以基本单位的十、百、千等整数倍数扩大;

(6)选择计量单位时,在正常条件下应尽量与人工定额和材料消耗量定额的计量单位相一致。

4. 确定定额表格方案

确定定额表格方案,是指企业定额的表格设计方案。设计定额表格,要使该表反映的内容能满足施工生产和企业经营管理两个方面的需要。在形式上要明了易懂,便于掌握和应用。确定定额的表格方案,主要是确定表格应包括的内容以及表格的形式和定额的表达形式。

定额表格一般包括下列主要内容:

(1)工作内容。包括工作内容、质量要求及施工说明等;

(2)项目名称和计量单位;

(3)定额指标。即人工、材料、机械台班消耗量指标。

以上内容构成了定额表格的基本内容。

某装饰工程定额的表格形式见表10-1。

楼地面装饰工程定额(摘录)　　　　　表 10-1

工作内容:清理基层、试排弹线、锯板修边、铺贴饰面、清理净面　　　计量单位:m²

定额编号		1-006	1-007	1-008	1-009	1-010	1-011
项目		大理石楼地面		花岗石楼地面			
		点缀（个）	碎拼大理石	周长3200mm以内		周长3200mm以上	
				单色	多色	单色	多色
名称		数量					
人工	综合人工　工日	0.2770	0.3130	0.2530	0.2620	0.2620	0.2710
材料	白水泥　kg	—	—	0.1030	0.1030	0.1030	0.1030
	大理石碎块　m²	—	0.9600	—	—	—	—
	花岗岩板 500×500(综合)　m²	—	—	1.0200	1.0200	—	—
	花岗岩板 1000×1000(综合)　m²	—	—	—	—	1.0200	1.0200
	大理石点缀　个	1.0100	—	—	—	—	—
	石料切割锯片　片	0.0035	—	0.0042	0.0042	0.0042	0.0042
	棉纱头　kg	—	0.0200	0.0100	0.0100	0.0100	0.0100
	水　m³	—	0.0260	0.0260	0.0260	0.0260	0.0260
	锯木屑　m³	—	—	0.0060	0.0060	0.0060	0.0060
	金刚石 200×75×50　块	—	0.0500	—	—	—	—
	水泥砂浆 1:3　m³	—	0.0202	0.0303	0.0303	0.0303	0.0303
	素水泥浆　m³	—	0.0010	0.0010	0.0010	0.0010	0.0010
	白水泥砂浆 1:1.5　m³	—	0.0050	—	—	—	—
机械	灰浆搅拌机 200L　台班	—	0.0044	0.0052	0.0052	0.0052	0.0052
	石料切割机　台班	0.0168	—	0.0201	0.0201	0.0201	0.0201

确定定额表格形式,就是在表格上编排定额的各项内容。要做到使编排的内容既要详细,又要简明易懂,便于查阅和使用。

定额的表格形式,是指定额的各项指标如何清楚地反映出来。

二、拟定定额的适用范围

企业定额适用范围的拟定包括两个层次。一是该定额用于企业内部还是既用于企业内部,又用于经营管理。当用于企业内部时,其项目的划分应该细一些,以满足班组核算的要求;如果还要用于工程投标报价,那么,项目划分就要兼顾报价的需要。因为用于工程报价的定额项目应该综合一点,以减少计算报价的工作量,简化报价的计算过程。

另一个层次是,当企业定额适用的专业划分好以后,应结合企业定额的作用和工程施工的技术经济特点,在定额项目划分上对各类施工过程或工序定额,拟定出适用范围。例如,油漆工程中木门窗刷油的施工过程是集中配料还是班组自行配料;是地面集中预制第一遍底油还是安装后再刷底油;是安装玻璃前刷油还是安装玻璃后刷油等等,均应在企业现有的技术条件、施工组织、施工方法和劳动组织等方面予以综合,并且明确规定出反映企业定额的适用范围。

又如,在木作工程中有关木门框、扇的制作,由于同一规格的工程量有多有少,往往会引起工效上的差别。对此,应做出量的规定或采取增加工时系数的方法加以解决,以便明确其适用范围。

对建筑装饰、电气安装、管道安装等工程中,都要分别对施工过程或工序受诸多因素的不同影响,明确规定出适用范围。上述适用范围一般在定额小节的工作内容和定额项目名称中及附注中加以说明。

三、拟定定额的结构形式

定额的结构形式也就是通常所说的定额手册的结构形式。定额结构形式的主要内容包括以下几个方面:

1. 定额表格设计

设计定额表格是拟定定额方案的重要组成部分。设计表格可以采用横向表式,也可以采用竖向表式。究竟采取哪种表示,要取决于定额中的项目名称、定额编号、计量单位、人工、材料、机械台班等指标的内容具体要求而定。表格设计也应考虑定额表现形式的要求。

2. 定额手册中章、节的编排

合理编排定额手册中的章、节,关系到定额是否简明适用的问题,是拟定定额结构形式的核心内容。通常,可以按施工过程的先后顺序排列定额手册的章和节。

定额章的编排,取决于定额的编制任务和使用要求。章的划

分方法,通常有以下几种:

(1)按施工顺序划分

例如,建筑工程定额按施工顺序划分为土石方工程、柱基础工程、脚手架工程、砌筑工程等。

(2)按不同材料划分

例如,建筑工程定额按不同材料划分为砖石工程、混凝土及钢筋混凝土工程等。

(3)按不同设备类型划分

如设备安装定额中各章划分为切削设备安装、锻压设备安装、铸造设备安装、起重设备安装等。

(4)按不同部位划分

例如,装饰装修定额各章划分为楼地面工程、墙柱面工程、天棚工程等。

(5)按不同工种和施工工艺划分

例如,建筑工程定额划分为构件运输与安装工程、装饰工程、防水工程、砖石工程等。

实际编制定额的章时,章的划分并不采用某一种方法,而是采用几种方法综合在一起的方法。

定额节的划分,一般在上述章的划分基础上,再将各节内容按不同材料、不同工艺、不同构造、不同部位进行划分。例如,建筑工程定额的混凝土及钢筋混凝土工程章,按材料和工艺划分为现浇混凝土模板、预制混凝土模板、构筑物混凝土模板、钢筋制安、现浇混凝土、预制混凝土、构筑物混凝土等小节。又如,楼地面工程这一章,按构造划分为垫层、找平层、整体面层、块料面层等小节。

3. 定额手册中的文字说明

定额手册中的文字说明有三个层次。第一层次是总说明,放在定额的前面;第二层次是章说明,放在章的前面;第三层次是节说明,放在节的前面。

凡定额手册中属于共性的问题,放在定额手册的"总说明"中加以说明;每章中,若有两节以上关系到共性问题,放在"章说明"

中加以说明;每节的说明,应放在定额表格上方适当位置或者用附注加以说明。

4．定额手册中的附录

一般,每一专业定额手册,在其后面均编有附录。就其性质来说,附录是一种定额内容整体性的补充说明。另外,附录也为方便查阅定额手册,执行定额提供依据。就其内容而言,附录主要编录了有关名词解释、图示、各种系数表、材料损耗率表、半成品配合比表等。

第三节 企业定额编制方法

一、根据技术测定资料编制企业定额

企业定额包括三种消耗量,即人工、材料、机械台班消耗量。

根据现场技术测定资料,采用一定的分析和计算方法,可以直接编制企业定额。下面通过花岗岩楼地面装饰项目的编制实例,来说明企业定额的编制过程。

1．编制步骤

(1)确定计量单位

花岗岩楼地面装饰项目的计量单位确定为 m^2,扩大计量单位为 $100m^2$。

(2)选择典型工程

选择有代表性的花岗岩楼地面项目的典型工程,并采用加权平均的方法计算单间装饰面积。

(3)确定项目的材料消耗品种

花岗岩楼地面的材料消耗包括:

1)花岗岩板材;

2)水泥砂浆结合层;

3)花岗岩块料灰缝砂浆。

(4)根据现场测定资料计算材料消耗量

(5)根据现场测定资料计算人工消耗量

1)铺花岗岩板材用工计算;

2)调制砂浆及运输砂浆用工计算;
3)运输花岗岩板材用工计算;
4)辅助用工计算。
(6)根据现场测定资料计算台班使用量
1)确定工人小组的组成;
2)塔吊台班使用量计算;
3)砂浆搅拌机台班用量计算。
(7)拟定花岗岩楼地面装饰项目的企业定额

2. 确定花岗岩楼地面项目的材料消耗量

确定花岗岩楼地面项目的材料消耗量的工作主要有三项。第一是选择典型工程,计算加权平均单间面积;第二是根据现场测定资料确定材料损耗率;第三是用理论计算法计算材料消耗量。

(1)选择典型工程,计算加权平均单间面积

单间面积的大小,直接影响编制定额的材料用量。因为,一般来说,当计量单位都是 $100m^2$ 时,房间的单间面积越小,所消耗的材料量就越多。所以,要采用选择典型工程的方式,通过加权平均的计算方法来计算单间面积,才能编制出具有代表性的定额。

具体做法是,选定具有代表性的装饰工程施工图,计算出各典型工程装饰工程量,采用加权平均的方法确定室内楼地面单间面积,再以该面积为基础计算材料消耗量。

下面,我们通过花岗岩楼地面装饰的四个典型工程的工程量计算,来说明加权平均单间面积的计算过程。

【例10-1】 根据下列资料,计算典型工程花岗岩楼地面加权平均单间面积。

典型工程名称	花岗岩楼地面装饰面积(m^2)	装饰房间数量(间)	本类工程占建筑装饰工程百分比(%)
甲工程	1285	65	11
乙工程	964	72	37
丙工程	1785	86	48
丁工程	2678	3	4

解:计算加权平均单间面积。

$$\text{加权平均单间面积} = \frac{1285}{65} \times 11\% + \frac{964}{72} \times 37\% + \frac{1785}{86} \times 48\% + \frac{2678}{3} \times 4\% = 52.80 \text{m}^2/\text{间}$$

(2)计算花岗岩楼地面块料、灰缝砂浆、结合层砂浆用量

【例 10-2】 根据现场测定资料取定,花岗岩、板材损耗率 2%,灰缝砂浆,结合层砂浆损耗率 5%。设计要求的花岗岩块尺寸为 500mm×500mm×20mm,水泥砂浆结合层 15mm 厚,灰缝 1mm 宽,试计算铺 100m² 花岗岩楼地面的材料消耗量。

解:a. 花岗岩块用量计算

$$\text{每 100m}^2 \text{ 花岗岩块料用量} = \frac{100}{(\text{块料长}+\text{灰缝})\times(\text{块料宽}+\text{灰缝})} \div (1-\text{损耗率})$$

$$= \frac{100}{(0.50+0.001)\times(0.50+0.001)} \div (1-2\%)$$

$$= 406.53 \text{ 块}/100\text{m}^2$$

b. 灰缝砂浆用量

$$\text{每 100m}^2 \text{ 花岗岩楼地面灰缝砂浆用量} = [100-(\text{块料长}\times\text{块料宽}\times 100\text{m}^2 \text{ 净用量})]$$

$$\times \text{灰缝深} \div (1-\text{损耗率})$$

$$= [100 \times (0.50 \times 0.50 \times 398.40)] \times 0.02 \div (1-5\%)$$

$$= 0.0084 \text{m}^3/100\text{m}^2$$

c. 结合层砂浆用量

$$\text{每 100m}^2 \text{ 花岗岩楼地面结合层砂浆用量} = 100\text{m}^2 \times \text{结合层厚} \div (1-\text{损耗率})$$

$$= 100 \times 0.015 \div (1-5\%)$$

$$= 1.579 \text{m}^3/100\text{m}^2$$

(3)花岗岩楼地面的块料及砂浆定额用量计算

企业定额的工程量计算规则规定,花岗岩楼地面工程量按地

面净长乘以地面净宽计算,不扣除附墙柱、独立柱及 0.3m² 内孔洞所占面积,但门洞空圈开口处面积也不增加。

根据上述规定,需要对典型工程铺花岗岩楼地面中不扣除的面积和不增加的面积进行统计分析,通过综合计算后方能确定原材料的定额消耗量。

1)计算公式

$$\text{每100m}^2\text{花岗岩板材用量} = \frac{\text{典型工程加权平均单间面积} + \text{调整面积}}{\text{典型工程加权平均单间面积}} \times \text{每100m}^2\text{块料用量}$$

其中

$$\text{调整面积} = \sum \left(\frac{\text{增加面积} - \text{减少面积}}{\text{房间数量}} \times \text{占装饰工程百分比} \right)$$

$$\text{砂浆用量} = \frac{\text{典型工程加权平均单间面积} + \text{调整面积}}{\text{典型工程加权平均单间面积}} \times \text{每100m}^2\text{的灰缝结合层砂浆用量}$$

2)计算实例

【例 10-3】 根据一典型工程施工图计算出的门洞空圈开口处面积,附墙柱、独立柱、0.3m² 以内孔洞面积和有关数据,以及例 10-1、例 10-2 的计算结果,计算每 100m² 花岗岩楼地面的定额材料消耗量。

典型工程名 称	门洞开口处增加面积(m²)	附墙柱、独立柱、0.3m²以内洞口减少面积(m²)	房间数量(间)	本类工种占建筑装饰工程百分比(%)
甲工程	22.21	12.41	65	11
乙工程	25.49	14.36	72	37
丙工程	30.61	17.35	86	48
丁工程	3.51	1.92	3	4

解:a. 计算花岗岩楼地面调整面积

$$\text{花岗岩楼地面调整面积} = \frac{22.21 - 12.41}{65} \times 11\% + \frac{25.49 - 14.36}{72} \times 37\%$$

$$+\frac{30.61-17.35}{86}\times 48\% +\frac{3.51-1.92}{3}\times 4\%$$
$$=0.169\text{m}^2/\text{间}$$

b. 计算每 100m² 花岗岩块料定额用量

$$\text{每 100m}^2\text{ 花岗岩块料定额用量}=\frac{52.80+0.169}{52.80}\times 406.53$$

$$=407.83\text{ 块}/100\text{m}^2$$

或

$$\text{每 100m}^2\text{ 花岗岩块料定额用量}=\text{某规格每 100m}^2\text{块料含损用量}\times\text{单块花岗岩板面积}$$

$$=407.83\times 0.50\times 0.50$$

$$=102\text{m}^2/100\text{m}^2$$

c. 计算灰缝砂浆,结合层砂浆定额用量

$$\text{每 100m}^2\text{ 花岗岩灰缝、结合层砂浆用量}=\frac{52.80+0.169}{52.80}\times (0.0084+1.579)$$

$$=1.592\text{m}^3/100\text{m}^2$$

3. 确定项目人工消耗量

企业定额的人工消耗量包括为完成该分项工程必须消耗用的基本用工和辅助用工。

(1)基本用工计算

基本用工是指完成该项目的主要用工。例如,花岗岩楼地面项目中的铺花岗岩板材,调制砂浆,运花岗岩板和砂浆的用工。

【例 10-4】 通过典型工程花岗岩楼地面的现场观察资料分析整理后,得到如下结果:

铺设花岗岩板用工:	1.375 工日/10m²
调制砂浆用工:	0.365 工日/m³
运输砂浆用工 (平均运距 120m):	0.525 工日/m³
运输花岗岩板用工: (平均运距 120m,花岗岩	

板堆积密度 2800kg/m³)   0.273 工日/t

根据上述资料和例 10-3 的计算结果,计算每 100m² 花岗岩楼地面的基本用工。

解:铺花岗岩用工=1.375 工日/10m² ×10=13.75 工日/100m²

调制砂浆用工=0.365 工日/m³ ×1.592m³/100m²

=0.581 工日/100m²

运输砂浆用工=0.525 工日/m³ ×1.592m³/100m²

=0.836 工日/100m²

运输花岗岩板用工=0.273 工日/t ×102m²/100m²

×0.02m×2.8t/m³=1.560 工日/100m²

基本用工小计:13.75+0.581+0.836+1.560=16.727 工日/100m²

(2)辅助用工计算

辅助用工是指施工现场发生的加工材料的用工。例如,淋石灰膏,筛砂子等的用工。

【例 10-5】 根据现场测定资料确定,每 m³ 水泥砂浆的砂子用量为 1.04m³,筛砂子用工为 0.208 工日/m³。试根据例 10-3 计算结果和上述资料计算每 100m² 花岗岩楼地面砂浆所需筛砂子的用工。

解:a. 计算砂子用量

根据例 10-3 可知,每 100m² 花岗岩楼地面灰缝,结合层砂浆用量为 1.592m³,故砂子用量=1.592×1.04=1.656m³/100m²

b. 计算筛砂子用工

筛砂子用工=0.208×1.656=0.344 工日/100m²

(3)定额用工量确定

每 100m² 花岗岩楼地面的定额用工包括基本用工和辅助用工,具体计算过程见例 10-6。

【例 10-6】 根据例 10-4、例 10-5 的计算结果,计算每 100m² 花岗岩楼地面定额用工数量。

解:

$$\text{每 100m}^2 \text{ 花岗岩楼地面定额用工} = \text{基本用工} + \text{辅助用工}$$
$$= 16.727 + 0.344$$
$$= 17.071 \text{ 工日}/100\text{m}^2$$

4．确定项目的机械台班消耗量

在企业定额中，以使用施工机械为主的项目，如机械打桩、空心板吊装等，其台班用量是以施工机械的生产能力确定。但是，抹灰、砌砖等定额项目中的施工机械是配合工人班组工作的，其机械台班产量与工人班组完成的产量有关。所以，配合工人班组的施工机械应按工人小组的产量来确定机械台班量，其计算公式为：

$$\frac{\text{企业定额}}{\text{机械台班使用量}} = \frac{\text{分项工程计量单位值}}{\text{小组总产量}}$$

下面通过一个实例，来说明配合工人小组作业的施工机械的台班用量计算。

【例 10-7】 根据下列资料计算花岗岩楼地面所用塔吊，砂浆搅拌机，石料切割机的台班使用量。

工人小组人数：18 人

按例 10-6 计算出的产量定额 $= \frac{1}{17.068} = 0.05859(100\text{m}^2/\text{工日}) = 5.859\text{m}^2/\text{工日}$

解：

$$\text{每 100m}^2 \text{ 花岗岩楼地面机械台班使用量} = \frac{100\text{m}^2}{5.859 \times 18} = 0.948 \text{ 台班}/100\text{m}^2$$

塔吊台班使用量 $= 0.948$ 台班$/100\text{m}^2$

砂浆搅拌机台班使用量 $= 0.948$ 台班$/100\text{m}^2$

石料切割机每小组用二台，台班使用量为：

石料切割机台班使用量 $= 0.948 \times 2 = 1.896$ 台班$/100\text{m}^2$

5．拟定企业定额

拟定企业定额包括拟定项目的工作内容、表格形式、项目名称、计量单位和定额人工、材料、机械台班消耗量等。

我们通过下面的例子来说明拟定企业定额的过程。

【例10-8】 根据例10-4～例10-7的计算结果和施工操作规程,拟定每100m² 花岗岩楼地面项目的企业定额。

解:a.确定工作内容

该项目的工作内容为:清理基层、试排弹线、锯板修边、铺贴饰面、清理净面。

b.确定项目名称

项目名称为:块料周长3200mm以内的花岗岩楼地面

c.确定计量单位

计量单位确定为:100m²

d.确定人工消耗量

根据例10-6计算结果可知,花岗岩楼地面人工消耗量为:17.068工日/100m²

e.确定机械台班消耗量

根据例10-7计算结果可知,花岗岩楼地面的机械台班消耗量为

2t塔吊: 0.948台班/100m²
200L灰浆搅拌机: 0.948台班/100m²
石料切割机: 1.896台班/100m²

f.确定材料消耗量

Ⅰ.根据例10-3计算结果可知,每100m² 花岗岩楼地面材料消耗量为:

花岗岩板材: 102m²/100m²
1:2水泥砂浆: 1.588m³/100m²

Ⅱ.根据现场测定资料,确定其他材料用量如下:

石料切割锯片: 0.42片/100m²
棉纱头: 1.01kg/100m²
水: 2.60m³/100m²
锯木屑: 0.60m³/100m²

g.拟定定额项目表格,填入有关内容。

根据上述资料拟定的定额项目表格及内容见表10-1。

企业定额项目表

工作内容:清理基层、试排弹线、锯板修边、铺贴饰面、清理净面　　计量单位:100m²

定额编号			1-008	1-009
项目			水泥砂浆铺花岗岩楼地面	
			周长3200mm以内	周长3200mm以上
名称		单位	数量	
人工	综合用工	工日	17.071	—
材料	花岗岩板 500×500	m²	102	—
	1:2 水泥砂浆	m³	1.592	
	石料切割锯片	片	0.42	
	棉纱头	kg	1.01	
	锯木屑	m³	0.60	
	水	m³	2.60	
机械	2t 塔吊	台班	0.948	
	200L 灰浆搅拌机	台班	0.948	
	石料切割机	台班	1.896	

二、根据人工定额、材料消耗定额、机械台班定额编制企业定额

如果人工定额、材料消耗定额、机械台班定额适用于本企业的施工管理和经营管理,那么就可以依据上述三种定额来编制企业定额。下面,通过编制砌筑一砖厚标砖内墙项目的企业定额来说明该编制过程。

1．编制步骤

(1)确定计量单位

砌一砖内墙项目的计量单位为 m³,扩大单位为 10m³。

(2)选择典型工程施工图并计算工程量

(3)根据人工定额确定人工消耗量

(4)根据材料消耗定额确定材料消耗量

(5)根据机械台班定额确定机械台班使用量

(6)拟定企业定额

2．选择典型工程施工图及计算工程量

选择典型工程施工图纸为制定企业定额的依据,其目的是为了使制定出的定额更具有代表性。

计算工程量的目的是为了综合该项目各实物消耗量的比重,以便采用人工定额、材料消耗定额计算综合后的消耗量。

例如,编制一砖厚内墙的企业定额,就要根据典型工程计算以下内容:

(1)选择具有代表性的各类建筑工程施工图,计算每砌 $10m^3$ 一砖内墙中,双面清水墙、单面清水墙和混水墙所占的比重;

(2)根据典型工程施工图,计算每砌 $10m^3$ 一砖内墙要附带完成的其他各项工作的用工数量;

(3)根据典型工程施工图计算砌墙时所需扣除的梁头、板头等的体积,以及该体积所占墙体的比重。

下面,我们根据所选的六个典型工程施工图,计算出一砖内墙的各项工程量及相对百分比,见表 10-2。

表 10-2 中,第 1 列是各个工程实砌一砖内墙的工程量;

第 2 列是各个工程一砖内墙量占六个工程全部工程量的百分比;

第 3 列是各个工程一砖内墙上门窗所占的面积;

第 4 列是每个工程的门窗工程量占本工程全部内墙面积(含门窗面积)的百分比,其计算公式为:

$$\text{门窗洞口面积占墙体总面积百分比} = \frac{\text{门窗洞口面积}}{\text{墙体总面积}} \times 100\%$$

或

$$\text{门窗洞口面积占墙体总面积百分比} = \frac{\text{门窗洞口面积}}{\text{砖墙体积} \div \text{墙厚} + \text{门窗面积}} \times 100\%$$

例如,金工车间门窗洞口面积占墙体总面积百分比为:

$$\frac{24.50}{30.01 \div 0.24 + 24.5} + 100\% = \frac{24.5}{149.54} \times 100\% = 16.38\%$$

人工定额规定,如果门窗面积超过墙体总体面积的 30%,就要增加砌砖墙用工,本计算表中都没有超过 30%,故不增加用工;

第 5 列是各个工程实际发生的在一砖内墙中板头所占体积;

章名称：砖石工程
节名称：砌
项目：砖内墙
子目：一砖厚

标准砖一砖内墙及墙内构件体积工程量计算表　　　　表 10-2

工程名称	砖墙体积 (m³) 1 数量	2 %	门窗面积 (m²) 3 数量	4 %	板头体积 (m³) 5 数量	6 %	梁头体积 (m³) 7 数量	8 %	弧形及圆形碹 (m) 9 数量	附墙烟囱孔 (m) 10 数量	垃圾道 (m) 11 数量	抗震柱孔 (m) 12 数量	墙顶抹灰找平 (m²) 13 数量	壁橱 (个) 14 数量	吊柜 (个) 15 数量
金工车间	30.01	2.51	24.50	16.38	0.26	0.87									
办公楼	66.10	5.53	40.00	12.68	2.41	3.65	0.17	0.26							
教学楼	149.13	12.47	47.92	7.16	0.17	0.11	2.00	1.34	7.18			59.39	8.21		
实验楼	164.14	13.72	185.09	21.30	5.89	3.59	0.46	0.28					10.33		
综合楼	432.12	36.12	250.16	12.20	10.01	2.32	3.55	0.82		217.36	19.45	161.31	28.68		
住宅	354.73	29.65	191.58	11.47	8.65	2.44				189.36	16.44	138.17	27.54	2	2
合计	1196.23	100	739.25	12.92	27.39	2.29	6.18	0.52	7.18	406.72	35.89	358.87	74.72	2	2

136

第6列是各个工程板头体积占各自工程一砖内墙体积的百分比;

第7列是各个工程实际发生的在一砖内墙中梁头所占体积;

第8列是各个工程梁头体积占各自工程一砖内墙中梁头的百分比;

第9列至第15列是砌一砖内墙时增加用工的工作内容。

3．人工消耗量确定

企业定额人工消耗量是指完成该项目所必须消耗的各种用工,包括基本用工、材料超运距用工、辅助用工等。

(1)基本用工

基本用工是指完成该分项工程的主要用工。如砌砖项目中,包括砌砖、调制砂浆、运砖、运砂浆等的用工。将人工定额综合成企业定额的过程中,还要增加砌垃圾道、壁柜等的用工。

根据六个典型工程计算出的各项数据和套用人工定额计算出每 $10m^3$ 一砖内墙的用工量的过程为:

1)确定墙的比例

通过六个典型工程计算,一砌内墙中单面清水墙占5%,双面清水墙占5%,混水墙占90%。即每砌 $10m^3$ 一砖内墙,单面清水墙占 $0.5m^3$,双面清水墙占 $0.5m^3$,混水墙占 $9m^3$。

2)确定人工定额

查人工定额,每砌 $10m^3$ 一砖内墙的基本用工为:

单面清水墙:$0.5m^3 \times 1.16$ 工日$/m^3 = 0.58$ 工日

双面清水墙:$0.5m^3 \times 1.20$ 工日$/m^3 = 0.60$ 工日

混水砖墙:$9.0m^3 \times 0.972$ 工日$/m^3 = 8.748$ 工日

小计:9.928 工日

查人工定额,每砌 $10m^3$ 一砖内墙应增加的用工为:

①根据典型工程计算增加用工的工程量

弧形及圆形碳　　$7.18m \div 1196.23m^3 = 0.006m/m^3$

附墙烟囱孔　　　$406.72m \div 1196.23m^3 = 0.34m/m^3$

垃圾道　　　　　　$35.89\mathrm{m} \div 1196.23\mathrm{m}^3 = 0.03\mathrm{m/m^3}$
预留抗震柱孔　　　$358.87\mathrm{m} \div 1196.23\mathrm{m}^3 = 0.03\mathrm{m/m^3}$
墙顶面抹灰找平　　$74.76\mathrm{m} \div 1196.23\mathrm{m}^3 = 0.0625\mathrm{m/m^3}$
壁柜　　　　　　　$2 个 \div 1196.23\mathrm{m}^3 = 0.002 个/\mathrm{m^3}$
吊柜　　　　　　　$2 个 \div 1196.23\mathrm{m}^3 = 0.002 个/\mathrm{m^3}$

②根据人工定额确定每 $10\mathrm{m}^3$ 一砖内墙增加用工量

弧形及圆形旋　$0.006\mathrm{m/m^3} \times 10\mathrm{m}^3 \times 0.03$ 工日$/\mathrm{m} = 0.002$ 工日
附墙烟囱孔　　$0.34\mathrm{m/m^3} \times 10\mathrm{m}^3 \times 0.05$ 工日$/\mathrm{m} = 0.170$ 工日
垃圾道　　　　$0.03\mathrm{m/m^3} \times 10\mathrm{m}^3 \times 0.06$ 工日$/\mathrm{m} = 0.018$ 工日
预留抗震柱孔　$0.30\mathrm{m/m^3} \times 10\mathrm{m}^3 \times 0.05$ 工日$/\mathrm{m} = 0.150$ 工日
墙顶面抹灰找平　$0.0625\mathrm{m^2/m^3} \times 10\mathrm{m}^3 \times 0.08$ 工日$/\mathrm{m} = 0.050$ 工日
壁柜　　　　　$0.002 个/\mathrm{m^3} \times 10\mathrm{m}^3 \times 0.3$ 工日$/个 = 0.0062$ 工日
吊柜　　　　　$0.002 个/\mathrm{m^3} \times 10\mathrm{m}^3 \times 0.15$ 工日$/个 = 0.003$ 工日

　　　　　　　　　　　　　　增加用工小计：0.399 工日

基本用工小计：$9.928 + 0.399 = 10.327$ 工日$/10\mathrm{m}^3$

(2)材料超运距用工

企业定额的材料、半成品平均运输距离,要比人工定额设定的平均运距远。因此,超过人工定额运输距离的材料、半成品要计算超运距用工。两种定额对比后的超运距计算见表 10-3。

企业定额砌砖项目材料超运距计算表　　　表 10-3

材料名称	企业定额规定的运距(m)	人工定额规定的运距(m)	超运距(m)
砂 子	80	50	30
石灰膏	150	100	50
标准砖	170	50	120
砂 浆	180	50	130

注：每砌 $10\mathrm{m}^3$ 一砖内墙的砂子用量为 $2.43\mathrm{m}^3$,石灰膏用量为 $0.19\mathrm{m}^3$。

根据表 10-3 计算出的材料超运距和人工定额,计算砌 $10\mathrm{m}^3$ 一砖内墙的材料超运距用工数量。

砂　子：$2.43\mathrm{m}^3 \times 0.0453$ 工日$/\mathrm{m}^3 = 0.110$ 工日

石灰膏：$0.19m^3 \times 0.128$ 工日$/m^3 = 0.024$ 工日
标准砖：$10m^3$（砌体）$\times 0.139$ 工日$/m^3 = 1.390$ 工日
砂　浆：$10m^3$（砌体）$\times (0.0516 + 0.00816)$工日$/m^3 = 1.390$ 工日

超运距用工小计：2.122 工日

(3) 辅助用工

辅助用工指施工现场发生的加工材料的用工。例如，筛砂子、淋石灰膏的用工。

根据上述数据和人工定额，计算砌 $10m^3$ 一砖内墙的辅助用工数量。

筛砂子：$2.43m^3 \times 0.111$ 工日$/m^3 = 0.270$ 工日
淋石灰膏：$0.19m^3 \times 0.50$ 工日$/m^3 = 0.095$ 工日

辅助用工小计：0.365 工日$/10m^3$

(4) 砌 $10m^3$ 一砖内墙企业定额用工计算

$$\text{砌 } 10m^3 \text{ 一砖内墙用工} = \text{基本用工} + \text{超运距用工} + \text{辅助用工}$$
$$= 9.928 + 0.399 + 2.122 + 0.365$$
$$= 12.814 \text{ 工日}/10m^3$$

4. 材料消耗量的确定

由于企业定额是在人工定额、材料消耗定额基础上综合而成的。所以，材料消耗定额也要综合计算。下面根据表 10-2 中的有关数据，计算标准砖和砂浆的定额消耗量。

(1) 每 $10m^3$ 一砖内墙标砖净用量

$$\text{标砖净用量} = \frac{1 \times 2}{0.24 \times 0.25 \times 0.063} \times 10m^3 = 5291 \text{ 块}/10m^3$$

(2) 每 $10m^3$ 砌体中板头、梁头所占百分比

查表 10-2，板头和梁头占墙体的百分比为：

$$\left.\begin{array}{l} \text{板头}：2.29\% \\ \text{梁头}：0.52\% \end{array}\right\} 2.81\%$$

(3) 每 $10m^3$ 一砖内墙标准砖消耗量

$$\text{扣除板头、梁头体积后标砖净用量} = 5291(1 - 2.81\%)$$

$$= 5142 \text{ 块}/10\text{m}^3$$

$$\text{标准砖消耗量} = \frac{5142}{1-1\%} \quad (\text{注:标准砖损耗率为}1\%)$$

$$= 5194 \text{ 块}/10\text{m}^3$$

(4)每 10m^3 一砖内墙砂浆消耗量计算

$$\text{砂浆净用量} = (1 - 529.1 \times 0.24 \times 0.115 \times 0.053) \times 10\text{m}^3$$

$$= 2.26\text{m}^3/10\text{m}^3$$

$$\text{扣除板头、梁头体积的砂浆净用量} = 2.26 \times (1 - 2.81\%) = 2.196\text{m}^3/10\text{m}^3$$

$$\text{砂浆消耗量} = \frac{2.196}{1-1\%} \quad (\text{注:砂浆损耗率为}1\%)$$

$$= 2.218\text{m}^3/10\text{m}^3$$

5. 机械台班消耗量的确定

砌砖墙项目使用的施工机械是配合工人小组工作的,所以,机械台班消耗量应按工人小组的产量计算。计算公式为:

$$\frac{\text{分项工程台}}{\text{班使用量}} = \frac{\text{分项工程计量单位值}}{\text{小组总产量}}$$

根据上述六个典型工程的工程量和人工定额,就可以计算出小组总产量。人工定额规定砌砖工人小组由22人组成。这时:

$$\text{小组总产量} = 22 \text{ 人} \times (\text{单面清水墙}5\% \times 0.862\text{m}^3/\text{工日}$$
$$+ \text{双面清水墙}5\% \times 0.833\text{m}^3/\text{工日}$$
$$+ \text{混水墙}90\% \times 1.029\text{m}^3/\text{工日})$$
$$= 22 \times 1.01085$$
$$= 22.239\text{m}^3$$

如果一个工人小组配置一台 2t 塔吊、一台 200L 灰浆搅拌机,那么,工人小组总产量就是施工机械的台班产量。

$$\frac{\text{砌一砖内墙}}{\text{台班使用量}} = \frac{\text{分项定额计量单位值}}{\text{小组总产量}}$$

$$= \frac{10}{22.239}$$

$$= 0.45 \text{ 台班}/10\text{m}^3$$

砌 $10m^3$ 一砖内墙的机械台班定额为：
2t 塔吊　　　　　　0.45 台班/$10m^3$
200L 灰浆搅拌机　　0.45 台班/$10m^3$

6. 拟定企业定额
通过下例，说明企业定额的拟定过程。

【例 10-9】 根据上述计算结果和施工操作规程拟定每 $10m^3$ 一砖内墙的企业定额。

解：a. 确定工作内容
该项目的工作内容为：调制砂浆、运砂浆、运砖；砌砖，包括砌窗台虎头砖、腰线、门窗套、砖旋、垃圾道、预留抗震柱孔、附墙烟囱孔等；安放木砖、铁件等。

　　b. 确定项目名称
该项目的名称为：混合砂浆砌一砖内墙

　　c. 确定计量单位
该项目计量单位为：$10m^3$

　　d. 确定人工消耗量
根据上述计算结果可知，该项目的人工消耗量为：12.814 工日/$10m^3$

　　e. 确定机械台班消耗量
根据上述计算结果可知，该项目的机械台班消耗量为：
2t 塔吊　　　　　　0.45 台班/$10m^3$
200L 灰浆搅拌机：　0.45 台班/$10m^3$

　　f. 确定材料消耗量
根据上述计算结果可知，该项目的材料消耗量为：
标准砖：　　　　5194 块/$10m^3$
混合砂浆：　　　$2.218m^3$/$10m^3$

　　g. 拟定定额表格，填入各种消耗量和内容
根据上述各项消耗量和工作内容，拟定的定额表格见表10-4。

企业定额项目表　　　　　　　　　　　表 10-4

工作内容：调制砂浆、运砂浆、运砖、铺砂浆；
砌砖、砌窗台虎头砖、腰线、门窗套、垃圾道、
抗震柱孔、附墙烟囱等；安放木砖、铁件等。　　　　　定额单位：$10m^3$

定额编号			×××	×××	×××
项目		单位	混合砂浆砌内墙		
			1砖	3/4砖	1/2砖
人工	综合用工	工日	12.814	……	……
材料	标准砖	千块	5.194	……	……
	混合砂浆	m^3	2.218	……	……
机械	2t塔吊	台班	0.45	……	……
	200L灰浆搅拌机	台班	0.45	……	……

三、根据预算定额编制企业定额

1．根据预算定额编制企业定额的思路

预算定额与企业定额有着密切的关系，因为预算定额可以在企业定额的基础上编制。

预算定额与企业定额的主要不同点有二个，一是项目划分粗细程度不同，一般来说，预算定额项目的步距比企业定额项目的步距大；二是定额水平不同。

一般情况下，企业定额项目的步距要小一些。例如，预算定额的砌砖墙项目，企业定额可以按墙厚进一步划分为半砖墙、3/4砖墙、1砖墙等若干个项目。

定额水平不同是预算定额与企业定额的本质区别。预算定额的水平是平均水平，即按社会必要劳动量确定定额水平；企业定额是平均先进水平。因而，企业定额的定额水平比预算定额的定额水平高。

我们知道，预算定额可以在企业定额的基础上编制，可以将企业定额综合为预算定额。因此，两者水平不同主要在两个方面发生了变化。一是企业定额综合成预算定额时，增加了10%左右的人工幅度差；二是预算定额的材料损耗率比企业定额的材料损耗率取值大。所以，我们可以根据这一关系，用预算定额项目还原为

企业定额项目。

2．根据预算定额编制企业定额的方法

(1) 人工消耗量确定

$$\frac{\text{企业定额的}}{\text{人工消耗量}} = \frac{\text{预算定额的人工消耗量}}{1 + \text{人工幅度差}}$$

(2) 材料消耗量确定

$$\frac{\text{企业定额的}}{\text{材料消耗量}} = \frac{\text{预算定额的材料消耗量} \times (1 - \text{预算定额损耗率})}{1 - \text{企业定额损耗率}}$$

(3) 机械台班消耗量（按工人班组配置）

$$\frac{\text{企业定额的机}}{\text{械台班消耗量}} = \frac{\text{分项定额的计量单位值}}{\text{企业定额的小组总产量}} = \frac{\text{预算定额的}}{\text{机械台班消耗量}}$$

3．企业定额编制实例

【例 10-10】 根据下列 1:2.5 水泥砂浆楼地面面层预算定额项目的有关数据，编制该项目的企业定额。已知原预算定额的人工幅度差 10%，材料损耗率 1%，企业定额的材料损耗率为 0.5%，水和草袋子的消耗量不变。

预算定额项目摘录

工作内容：清理基层、调运砂浆、刷素水泥浆、

抹面、压光、养护　　　　　　　　　　　　计量单位：100m²

项　　目		单位	定额编号				
			8-23	8-24	8-25	8-26	8-27
			水泥砂浆整体面层				
			楼地面 20mm	楼梯 20mm	台阶 20mm	加浆抹光随捣随抹 5mm	踢脚板底 12mm面 8mm 100m
人工	综合工日	工日	10.27	39.63	28.09	7.53	5.00
材料	水泥砂浆 1:2.5	m³	2.02	2.69	2.99	—	0.12
	水泥砂浆 1:3	m³	—	—	—	—	0.18
	素水泥浆	m³	0.10	0.13	0.15	—	—
	水泥砂浆 1:1	m³	—	—	—	0.51	—
	水	m³	3.80	5.05	5.62	3.80	0.57
	草袋子	m³	22.00	29.26	32.56	22.00	—
机械	灰浆搅拌机 200L	台班	0.34	0.45	0.50	0.09	0.05

解:a. 企业定额人工消耗量确定

$$\text{1:2.5 水泥砂浆楼地面面层人工消耗量} = \frac{10.27}{1+10\%} = 9.34 \text{ 工日}/100\text{m}^2$$

b. 企业定额材料消耗量确定

$$\text{1:2.5 水泥砂浆消耗量} = \frac{2.02 \times (1-1\%)}{1-0.5\%} = 2.01 \text{m}^3/100\text{m}^2$$

$$\text{素水泥浆消耗量} = \frac{0.10 \times (1-1\%)}{1-0.5\%} = 0.099 \text{m}^3/100\text{m}^2$$

c. 企业定额机械台班消耗量确定

$$\text{200L 灰浆搅拌机台班消耗量} = \text{预算定额的机械台班消耗量} = 0.34 \text{ 台班}/100\text{m}^2$$

d. 拟定企业定额表格

企业定额表格

工作内容:清理基层、调运砂浆、刷素水泥浆、抹面、压顶、养护等

定额单位:100m²

定额编号		8-23	8-24	8-25
项目	单位	水泥砂浆整体面层		
		楼地面 20mm	楼梯 20mm	台阶 20mm
人工 综合用工	工日	9.34	—	—
材料 水泥砂浆 1:2.5	m³	2.01		
素水泥浆	m³	0.099		
水	m³	3.80		
草袋子	m³	22.00		
机械 灰浆搅拌机 200L	台班	0.34	—	—

第十一章 企业定额编制实务

第一节 脚手架定额项目计算实例

一、钢管脚手架有关数据

1. 脚手架材料使用寿命

钢管(Φ48×3.5)	180 个月
扣件	120 个月
底座	180 个月
安全网	一次
架板	42 个月
缆风绳	42 个月
缆风桩	42 个月
防锈漆	180 个月
溶剂油	180 个月

2. 材料损耗率

钢管	4%
防锈漆	3%
8#铁丝	2%
溶剂油	4%
铁钉	2%
缆风绳	5%

3. 脚手架一次使用期确定

依附斜道 5m 以内	2 个月
脚手架及斜道 15m 以内	6 个月

脚手架及斜道 24m 以内　　7 个月
脚手架及斜道 30m 以内　　8 个月
脚手架及斜道 50m 以内　　12 个月

4. 脚手架柱间距、步高

钢管立杆间距　　　2m
步高　　　　　　　1.3m

5. 外脚手架及相应平台高度取定

取定高度为檐口高度

架高 = 檐口高度 + 1.5m

6. 脚手架使用残值

钢管　　10%　　架板　　5%
扣件　　5%　　　缆风桩　10%
底座　　5%　　　缆风绳　10%
垫木　　10%

7. 脚手架材料摊销公式

$$摊销量 = \frac{单位一次使用量 \times (1-残值率)}{耐用期 \div 一次使用期}$$

二、单排钢管脚手架概况

1. 项目名称：单排钢管脚手架(高 15m 以内)
2. 定额单位：100m^2
3. 脚手架取定高度：13m
4. 脚手架构造

(1) 步距：1.3m
(2) 挑距：1.2m
(3) 柱距：2m
(4) 搭设要求

脚手架连墙点采用刚性连接，每 3 步跨设一点，横向水平杆入墙内 20cm；从上到下连续设 8 道剪刀撑，每隔 10m 设一副，每副跨 5 跨 8 步。

5. 采用钢管规格：$\Phi 48 \times 3.5$

6．脚手架搭设的墙面面积

$$(50+15) \times 2 \times 13 = 1690 m^2$$

脚手架示意图见图 11-1。

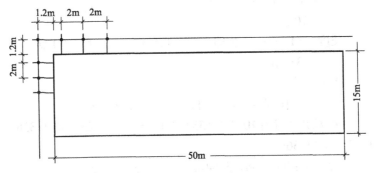

图 11-1　脚手架示意图

三、脚手架材料用量计算

1．杆件计算

(1)立杆

$$根数 = 4 角 + \left[\left(\frac{50}{2}+1\right)+\left(\frac{15}{2}+1\right)\right] \times 2$$
$$= 74 根$$
$$长度 = 74 \times (13+1.5 操作层高)$$
$$= 1073 m$$

(2)大横杆

根数 $= 13 \div 1.3 + 1(扫地杆) = 11$ 根

长度 $= 11$ 根 $\times (50+1.2 \times 2+0.2 \times 2+15+1.2$
$\times 2+0.2 \times 2) \times 2 边 = 1553.2 m$

(3)小横杆

根数 $= 13 \div 1.3 + 1(扫地杆) = 11$ 根

长度 $= 11$ 层 $\times 74$ 根 $\times (1.2+0.20 \times 2) = 1302.4 m$

(4)剪刀撑

每副长 $= 1.3 \times 8$ 步 $\times 1.4142 \times 2$ 根 $= 29.82 m$

长度 $= 8$ 副 $\times 29.82 m/副 = 238.56 m$

(5)连墙点

$$点数 = 10步 \div 3步 \times \left(\frac{50}{2\times 3步} + \frac{15}{2\times 3步}\right) \times 2边 + 4角$$
$$= 3\times(8+3)\times 2 + 4$$
$$= 70点$$

长度 = (1.60 + 0.2 伸入墙 + 1.5×2 固定管)×70 点
　　　= 336m

(6)安全栏杆

长度 = (52.8 + 17.8)×2 = 141.2m

钢管长度小计:1073 + 1553.2 + 1302.4 + 238.56 + 336 + 141.2 = 4644.36m

钢管重量:4644.36×3.84kg/m = 17834.34kg

每 100m² 墙面钢管取定重量:

$$\frac{17834.34}{1690}\times 100m^2 = 1055.29kg/100m^2$$

2. 扣件

(1)直角扣件

$$\frac{大横杆与}{小横杆连接} = 74根\times 11层 = 814个$$

$$\frac{立杆与}{大横杆连接} = 74根\times(11层 + 1层安全栏杆) = 888个$$

连墙点 = 70点×2个 = 140个

直角扣件小计:814 + 888 + 140 = 1842个

(2)对接扣件

大横杆、栏杆:

$$\left[\left(\frac{52.8}{6}-1\right)+\left(\frac{17.8}{6}-1\right)\right]\times 2边 \times 12层 = (8+2)\times 2\times 12$$
$$= 240个$$

立杆:$\left(\frac{13+1.5}{6}-1\right)\times 74根 = 104个$

剪刀撑:$8副\times 2根/副\times\left(\frac{14.91}{6}-1\right) = 24个$

148

对接扣件小计:240＋104＋24＝368 个
(3)回转扣件
剪刀撑用:8 副×12 个/副＝96 个
(4)底座
剪刀撑:8 副×2 个/副＝16 个
立杆:74 个
底座小计:16＋74＝90 个
每 100m² 墙面连接件取定:

直角扣件:$\frac{1842}{1690} \times 100 = 108.99$ 个/100m²

对接扣件:$\frac{368}{1690} \times 100 = 21.78$ 个/100m²

回转扣件:$\frac{96}{1690} \times 100 = 5.68$ 个/100m²

底　　座:$\frac{90}{1690} \times 100 = 5.33$ 个/100m²

3．架板(按满铺一层考虑)
(1)脚手板
　　(52.4＋15)×2 边×1.10 宽×0.05 厚＝7.414m³
(2)挡脚板
　　(52.4＋17.4)×2 边×0.18 高×0.05 厚＝1.256m³
架板小计:7.414＋1.256＝8.670m³
每 100m² 墙面架板取定值:

$$\frac{8.670}{1690} \times 100 = 0.513 \text{m}^3/100\text{m}^2$$

4．连墙点垫木
$$70 \text{ 点} \times 4 \text{ 块} = 280 \text{ 块}$$
每 100m² 墙面垫木取定值:
$$\frac{280}{1690} \times 100 = 16.57 \text{ 块}/100\text{m}^2$$

5．8#铁丝
脚手板:7.414÷0.045m³/块＝165 块

挡脚板：$1.256 \div 0.027 \mathrm{m}^3/$块$=47$块

$8^\#$铁丝重量：

$(165 \times 3$头/块$\times 1\mathrm{m}/$根$+47 \times 3$头/块$\times 0.80\mathrm{m}/$根$)$
$\times 0.0986 \mathrm{kg/m} = 60 \mathrm{kg}$

每$100\mathrm{m}^2$墙面$8^\#$铁丝取定值：

$$\frac{60}{1690} \times 100 = 3.55 \mathrm{kg}/100\mathrm{m}^2$$

6. 圆钉

$$\frac{(165+47) \times 8 \text{颗}}{279 \text{颗}/\mathrm{kg}} = 6.08 \mathrm{kg}$$

每$100\mathrm{m}^2$墙面圆钉取定值：

$$\frac{6.08}{1690} \times 100 = 0.36 \mathrm{kg}$$

四、上料平台材料用量计算

上料平台示意图见图11-2。

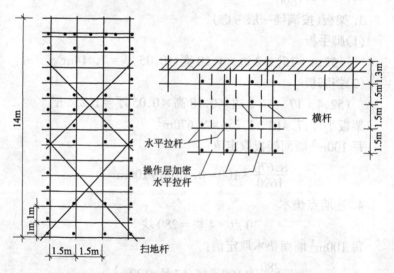

图11-2 上料平台示意图

1. 服务面积

$$70m \times 13m = 910m^2$$

2．杆件计算
(1)立杆
$$16 根 \times (13+1) = 224m$$
(2)横杆
4 根/层×(13+1 扫地杆)×(4.5+0.2×2)/根=274.4m
减去在地面和 13m 高处与外架相碰 2 根
$$2 \times 4.90 = 9.80m$$
(3)水平横杆
两边：(14×2)×4.9m/根=28×4.9=137.2m
中间：(8 根×2 列)×4.9m/根=78.4m
操作层加密：3 根×4.9=14.7m
(4)剪刀撑
$$3 边 \times 2 副 = 6 副$$
$$长度 = 6 \times 16m/副 = 96m$$
(5)栏杆
$$3 边 \times 4.9 = 14.7m$$

钢管长度计算：
224+274.4−9.8+137.2+78.4+14.7+96+14.7=829.6m
钢管重量：829.6×3.84kg/m=3185.66kg
每 100m² 服务墙面钢管取定值：
$$\frac{3185.66}{910} \times 100 = 350.07 kg/100m^2$$

3．扣件
(1)对接扣件
剪刀撑：6 副×2 个/副=12 个
立杆：$16 \times \left(\dfrac{14}{6} - 1\right) = 16 \times 1.3 = 20.8$ 个
对接扣件小计：12+20.8=32.8 个
(2)直角扣件
横杆与立杆：[4×(13+1)−2]×4 点=216 个

拉杆与横杆:[14×2 边+8×2(中间)]×4 点=76 个

操作层加密:3 根×4 点=12 个

靠外墙 2 根立杆与外架大横杆连接:

$$\frac{14}{1.3} \times 2 \text{ 根} = 22 \text{ 个}$$

直角扣件小计:216+176+12+22=426 个

(3)底座

$$16+6(\text{斜撑})=22 \text{ 个}$$

(4)回转扣件

$$6 \text{ 副} \times 8 \text{ 个}/\text{副} = 48 \text{ 个}$$

每 100m² 服务墙面扣件取定量:

对接扣件:$\frac{32.8}{910} \times 100 = 3.60$ 个/100m²

直角扣件:$\frac{426}{910} \times 100 = 46.81$ 个/100m²

底　　座:$\frac{22}{910} \times 100 = 2.42$ 个/100m²

回转扣件:$\frac{48}{910} \times 100 = 5.27$ 个/100m²

4. 架板

$$4.9\text{m} \times 4.45\text{m} \times 0.05\text{m} = 1.090\text{m}^3$$

每 100m² 服务墙面架板取定量:

$$\frac{1.090}{910} \times 100 = 0.120\text{m}^3/100\text{m}^2$$

5. 8#铁丝

15 块×3 点×1m/点×0.0986kg/m=4.44kg

每 100m² 服务墙面铁丝取定量:

$$\frac{4.44}{910} \times 100 = 0.49\text{kg}/100\text{m}^2$$

6. 铁钉

$$15 \times \frac{8}{279} = 0.43\text{kg}$$

每 100m² 服务面积铁钉取定量:

$$\frac{0.43}{910} \times 100 = 0.05 \text{kg}/100\text{m}^2$$

7. 缆风绳(Φ8钢丝绳,两边角各设一道)

长度=($\sqrt{11^2 + 11^2 + 2}) \times 2$根=43.60m

重量:43.6×0.396kg/m=17.26kg

每100m² 服务墙面缆风绳取定量:

$$\frac{17.26}{910} \times 100 = 1.90 \text{kg}/100\text{m}^2$$

8. 缆风桩、固定木

缆风桩:0.113m³/根×2=0.226m³
固定木:0.0032×2=0.0064m²

每100m² 服务墙面取定量:

$$\frac{0.226 + 0.0064}{910} \times 100 = 0.026 \text{m}^3/100\text{m}^2$$

五、每100m² 单排钢管脚手架材料摊销量计算

每100m² 单排钢管脚手架材料摊销量计算见表11-1。

六、单排钢管脚手架定额项目材料及台班用量计算

每100m² 单排钢管脚手架定额项目材料及机械台班用量计算见表11-2。

第二节 砖基础定额项目计算实例

一、概况

1. 项目名称:水泥砂浆砌砖基础
2. 砖基础类型比例及标砖净用量

等高式砖基础　　60%　　每m³ 砌体标砖净用量522.82块
不等高式砖基础　40%　　每m³ 砌体标砖净用量523.15块

3. 增加用工

砖基础埋梁超过1.5m应增加用工0.06工日/10m³

4. 砖基础墙厚比例

每 100m² 单排钢管脚手架材料摊销量计算表

表 11-1

项目		一次使用量	单位	计　算　式	摊销量	单位	重量计算(kg)
钢管	架子	1055.29	kg	$\frac{(1055.29+350.07)\times(1-10\%)}{180\div 6}=42.16$	42.16	kg	1405.36
	平台	350.07	kg				
直角扣件	架子	108.99	个	$\frac{(108.99+46.81)\times(1-5\%)}{120\div 6}=7.40$	7.40	个	155.8个×1.25=194.75
	平台	46.81	个				
对接扣件	架子	21.78	个	$\frac{(21.78+3.60)\times(1-5\%)}{120\div 6}=1.21$	1.21	个	25.38×1.5=38.07
	平台	3.60	个				
回转扣件	架子	5.68	个	$\frac{(5.68+5.27)\times(1-5\%)}{120\div 6}=0.52$	0.52	个	10.95×1.5=16.43
	平台	5.27	个				
底座	架子	5.33	个	$\frac{(5.33+2.42)\times(1-5\%)}{180\div 6}=0.25$	0.25	个	7.75×2.14=16.59
	平台	2.42	个				
架板	架子	0.513	m³	$\frac{(0.513+0.120)\times(1-5\%)}{42\div 6}=0.086$	0.086	m³	0.633×600=380
	平台	0.120	m³				
缆风桩		0.026	m³	$\frac{0.026\times(1-10\%)}{42\div 6}=0.003$	0.003	m³	

154

续表

项目		一次使用量	单位	计算式	摊销量	单位	重量计算(kg)
8#镀锌铁丝	架子	3.55	kg	3.55+0.49=4.04	4.04	kg	
	平台	0.49	kg				
2″圆铁	架子	0.36	kg	0.36+0.05=0.41	0.41	kg	
	平台	0.05	kg				
缆风绳		1.90	kg	$\frac{1.90\times(1-10\%)}{42\div6}=0.24$	0.24	kg	
防锈漆		1.405	t	$\frac{1.405\times4.904\text{kg/t}\times16\text{次}}{180\div6}=3.67$	3.67	kg	
溶剂油		1.405	t	$\frac{1.405\times0.552\text{kg/t}\times16\text{次}}{180\div6}=0.41$	0.41	kg	
垫木		16.57	块	$\frac{16.57\times(1-10\%)}{42\div6}=2.13$	2.13	块	
合计						kg	51.2

定额项目材料及机械台班计算表 表 11-2

章名称:脚手架 节名称:单排 项目名称:钢管制 子目名称:15m以内 定额单位:100m²

计算依据或说明	依据《中华人民共和国行业标准:扣件式钢管脚手架应用与安全技术规程编制》										

	名称	规格	单位	计算量	损耗率	使用量	备注	名称及规格	单位	单价(元)	数量	金额(元)
材料	钢管	Φ48	kg	42.16	4%	43.92		其他材料费				
	直角扣件		个	7.40								
	对接扣件		个	1.21								
	回转扣件		个	0.52								
	木脚手板		m³	0.086								
	底座		个	0.25								
	铁丝	8#	kg	4.04	2%	4.12						
	铁钉		kg	0.41	2%	0.42						
	缆风绳		kg	0.24	5%	0.25						
	防锈漆		kg	3.67	3%	3.78						
	溶剂油		kg	0.41	4%	0.43						
	垫木		块	2.13								
	缆风桩	木制	m³	0.003				合计				

	施工操作			机械			机械定额	2÷7	计算系数	机械使用量	依据
	工序	数量	单位	名称	规格	编号	台班产量				
机械台班	1	2	3	4	5	6	7	8	9	10=8×9	11
	钢管运输	2.051	t	载重汽车	6t		12.6	0.163	1	0.163	

1 砖基础墙：　　　50%
1.5 砖基础墙：　　20%
2 砖基础墙：　　　20%
2×2.5 砖柱基：　　10%

5．材料超运距
标准砖　　　100m
砂　浆　　　100m

6．材料损耗率
标准砖　　　0.5%
砂　浆　　　1.5%

二、砖基础人工消耗量计算

砖基础人工消耗量计算见表11-3。

定额项目用工量计算表　　　　表11-3

章名称：砖石　节名称：砌砖　项目名称：基础　子目名称：砖基础　定额单位：100m²

工程内容	清理地槽、坑，递砖、调制砂浆。砌砖基础、砖垛，半成品水平运输等							
操作方法质量要求	砖砌体水平灰缝和垂直灰缝以10mm为准，水平灰缝饱满度应不低于80%，竖缝错开，不应有通缝							
	施工操作工序及工程量			人工定额			工日数	
	名称	数量	单位	定额编号	工种	时间定额	
	①	②	③	④	⑤	⑥	⑦=②×⑥
用	砖基础1砖厚	5	m³	§5-1-1(一)	砖工	0.98	4.90
	砖基础1.5砖厚	2	m³	§5-1-2(一)	砖工	0.95	1.90
工	砖基础2砖厚	2	m³	§5-1-3(一)	砖工	0.924	1.85
	2×2.5砖基础	1	m³	§5-1-21(二)	砖工	1.57	1.57
量	埋深超过1.5m加工	10	m³	附注	砖工	0.006	0.06
	超运距加工						
计	标准砖100m	10	m³		普工	0.16	1.60
算	砂浆100m	10	m³		普工	0.012	0.12
	小　计						12.00

三、砖基础材料消耗量计算

砖基础材料消耗量计算见表 11-4。

定额项目材料用量计算　　表 11-4

章名称:砖石　节名称:砌砖　项目名称:基础　子目名称:砖基础　定额单位:10m³

计算过程	1.计算依据 (1)采用理论公式计算材料净用量 (2)根据现场测定资料取定材料损耗率 2.根据等高式砖基础测定资料确定增加或减少体积百分比 (1)附墙柱放脚宽应增加 0.2575% (2)T 形接头放脚重复部分应减 0.785% 　　　增减相抵后的百分比 = 0.2575% - 0.785% = -0.5275% 3.计算标砖的定额净用量 　标砖净用量 = 522.85×(1-0.005275)×60% + 523.15×40% = 521.3 块/m³ 4.计算砂浆的定额净用量 　通过计算,每 m³ 砖基础砂浆净用量为 0.235m³ 　　　砂浆净用量 = 0.235×[(1-0.05275)×60% + 40%] 　　　　　　　= 0.234m³/m³

材料用量	名称	规格	单位	净用量	损耗率	定额消耗量	备注
	标准砖		千块	5.213	0.5%	5.239	
	砂浆		m³	2.34	1.5%	2.376	
	水		m³			1.05	

第三节　砖墙面抹灰定额项目计算实例

一、概况

1. 项目名称:石灰砂浆抹砖墙面

2. 项目要求:石灰砂浆抹三遍 18mm 厚,纸筋灰浆一遍 2mm 厚

3. 增加用工
(1)纸筋灰浆面加工
(2)水泥砂浆护角线加工
(3)超运距加工
(4)淋石灰膏加工

1 砖基础墙：　　　50%
1.5 砖基础墙：　　20%
2 砖基础墙：　　　20%
2×2.5 砖柱基：　　10%

5. 材料超运距
标准砖　　　100m
砂　浆　　　100m

6. 材料损耗率
标准砖　　　0.5%
砂　浆　　　1.5%

二、砖基础人工消耗量计算

砖基础人工消耗量计算见表 11-3。

定额项目用工量计算表　　表 11-3

章名称：砖石　节名称：砌砖　项目名称：基础　子目名称：砖基础　定额单位：100m²

工程内容	清理地槽、坑，递砖，调制砂浆。砌砖基础、砖垛，半成品水平运输等					
操作方法质量要求	砖砌体水平灰缝和垂直灰缝以 10mm 为准，水平灰缝饱满度应不低于 80%，竖缝错开，不应有通缝					
	施工操作工序及工程量			人工定额		工日数
	名　称	数量	单位	定额编号	工种	时间定额	
	①	②	③	④	⑤	⑥	⑦=②×⑥
用工量计算	砖基础 1 砖厚	5	m³	§5-1-1(一)	砖工	0.98	4.90
	砖基础 1.5 砖厚	2	m³	§5-1-2(一)	砖工	0.95	1.90
	砖基础 2 砖厚	2	m³	§5-1-3(一)	砖工	0.924	1.85
	2×2.5 砖基础	1	m³	§5-1-21(二)	砖工	1.57	1.57
	埋深超过 1.5m 加工	10	m³	附注	砖工	0.006	0.06
	超运距加工						
	标准砖 100m	10	m³		普工	0.16	1.60
	砂浆 100m	10	m³		普工	0.012	0.12
	小　计						12.00

三、砖基础材料消耗量计算

砖基础材料消耗量计算见表 11-4。

定额项目材料用量计算　　　　　表 11-4

章名称：砖石　节名称：砌砖　项目名称：基础　子目名称：砖基础　定额单位：10m³

计算过程	1. 计算依据 　(1)采用理论公式计算材料净用量 　(2)根据现场测定资料取定材料损耗率 2. 根据等高式砖基础测定资料确定增加或减少体积百分比 　(1)附墙柱放脚宽应增加 0.2575% 　(2)T 形接头放脚重复部分应减 0.785% 　　　增减相抵后的百分比 = 0.2575% - 0.785% = -0.5275% 3. 计算标砖的定额净用量 　标砖净用量 = 522.85×(1-0.005275)×60% + 523.15×40% = 521.3 块/m³ 4. 计算砂浆的定额净用量 　通过计算,每 m³ 砖基础砂浆净用量为 0.235m³ 　　砂浆净用量 = 0.235×[(1-0.05275)×60% + 40%] 　　　　　　 = 0.234m³/m³

材料用量	名　称	规　格	单　位	净用量	损耗率	定额消耗量	备　注
	标准砖		千块	5.213	0.5%	5.239	
	砂浆		m³	2.34	1.5%	2.376	
	水		m³			1.05	

第三节　砖墙面抹灰定额项目计算实例

一、概况

1. 项目名称：石灰砂浆抹砖墙面
2. 项目要求：石灰砂浆抹三遍 18mm 厚,纸筋灰浆一遍 2mm 厚
3. 增加用工
　(1)纸筋灰浆面加工
　(2)水泥砂浆护角线加工
　(3)超运距加工
　(4)淋石灰膏加工

4. 材料损耗率及压实系数

材料名称	石灰砂浆	水泥砂浆	纸筋灰浆
损耗率	1%	2%	1%
压实系数	9%	9%	5%

5. 增加工程量

根据测算每100m² 抹灰面,增加门窗洞口侧面面积4m²,即4%。护角线砂浆按石灰砂浆抹灰面的1.56%计算。

二、石灰砂浆抹砖墙面人工消耗量计算

石灰砂浆抹砖墙面人工消耗量计算见表11-5。

定额项目用工量计算表　　　　表11-5

章名称:装饰　　节名称:墙面、墙裙抹灰
项目名称:砖墙面　　子目名称:石灰砂浆三遍　　定额单位:100m²

工程内容	1. 清理、修补、湿润基层表面,堵墙眼,调运砂浆,清理落地尘 2. 分层抹灰找平、制浆、洒水湿润、罩面压光,门窗洞口侧壁抹灰,护角线抹灰					
操作方法 质量要求	1. 一般工具,手工操作抹灰,人工或机械调制砂浆,人工运料 2. 表面光滑、清洁、接槎平整					

用工量计算	施工操作工序及工程			人工定额			工日数
	名称	数量	单位	定额编号	工种	时间定额	
	抹灰综合用工	100	m²	§5-1-1(一)	抹灰	0.0978	9.78
	纸筋灰面增加用工	9.78	工日	注2	抹灰	0.20	1.956
	墙垛阳角增加用工	8	m	P141说明五-2	抹灰	0.02	0.16
	护角线增加用工	15.6	m	P141说明五-4	抹灰	0.013	0.203
	超运距用工						
	砂浆100m	100	m²	§5-8-25	普工	0.0083	0.83
	砂子50m	2.542	m²	§5-8-255、256	普工	0.086	0.219
	淋石灰膏用工	0.974	m²	§1-4-95	普工	0.50	0.487
	小　计						13.635

三、石灰砂浆抹砖墙面材料消耗量计算

1. 石灰砂浆

石灰砂浆净用量 = 抹灰面×厚 + 门窗洞口侧壁砂浆 + 护角线砂浆
$$= 100 \times 0.018 + 100 \times 0.018 \times 4\% - 100 \times 0.018 \times 1.56\%$$
$$= 1.844 \text{m}^3$$

$$\frac{\text{石灰砂浆}}{\text{定额用量}} = \frac{1.844}{1-1\%-9\%} = \frac{1.844}{0.9} = 2.049 \text{m}^3/100\text{m}^2$$

2. 护角线水泥砂浆

护角线水泥砂浆净用量 $= 100 \times 0.018 \times 1.56\% = 0.028 \text{m}^3$

$$\frac{\text{水泥砂浆}}{\text{定额用量}} = \frac{0.028}{1-2\%-9\%} = \frac{0.028}{0.89} = 0.0315 \text{m}^3/100\text{m}^2$$

3. 纸筋灰浆(加6%纸筋)

纸筋灰浆净用量 $= 100 \times 0.002 \times (1+4\%) = 0.208 \text{m}^3$

纸筋灰浆定额用量 $= \dfrac{0.028}{1-1\%-5\%} = \dfrac{0.028}{0.94} = 0.221 \text{m}^3/100\text{m}^2$

4. 施工用水

湿润墙面用水:$0.40 \text{m}^3/100\text{m}^2$

搅拌机冲洗用水,按每个台班 1m^3 用水计算:

$$\frac{2.049+0.0315+0.221}{\text{台班产量}} \times 1\text{m}^3 = \frac{2.3015}{6} \times 1$$
$$= 0.384 \text{m}^3/100\text{m}^2$$

施工用水小计　$0.40 + 0.384 = 0.784 \text{m}^3/100\text{m}^2$

第四节　铝合金门窗制安定额项目计算实例

一、计算方法

铝合金门窗制作,安装材料用量计算,分别按铝合金型材、玻璃、玻璃密封条、玻璃胶、软填料、密封油膏、地脚、膨胀螺栓、螺钉、拉杆螺栓、胶纸等消耗量计算。

1. 铝合金型材用量计算

(1)计算面积系数

$$面积系数 = \frac{框外围面积}{洞口面积}$$

(2)计算框料重量

$$框料重量 = 框料长 \times 每米重(kg/m)$$

(3)计算扇料重量

$$扇料重量 = 扇料长 \times 每米重(kg/m)$$

(4)计算压线条重量

$$压线条重量 = 压线条长 \times 每米重(kg/m)$$

(5)计算铝合金型材定额消耗量

$$定额消耗量 = \frac{型材总重量}{框外围面积} \div (1 - 损耗率) \times 面积系数$$

2．玻璃用量计算

按洞口面积 $100m^2$ 作为玻璃用量，列入定额。

3．密封条用量计算

$$\frac{每100m^2 洞口的}{密封条用量} = \frac{图示尺寸总长}{洞口面积}$$

4．玻璃胶用量

$$玻璃胶用量 = \frac{图示总长}{洞口面积} \times 100m^2$$

(注：一支 310 克的玻璃胶可双面挤胶 7m 长)

5．地脚用量计算

按镀锌成品件个数计算后乘以面积系数。

6．膨胀螺栓计算

$$膨胀螺栓 = 地脚数量 \times 2$$

7．软填料用量计算

按沥青玻璃棉毡条计算，表现密度 $85 lag/m^3$，38 系列填料断面为 $0.025 \times 0.09m$，损耗系数 1.03。

$$\frac{每100m^2 洞口}{填料用量} = \frac{填料断面 \times 填料表现密度 \times 洞口周长 \times 损耗系数}{洞口面积} \times 100$$

8．密封油膏用量计算

密封油膏表现密度 $1350 lag/m^3$，密封断面按 $8mm \times 8mm$ 计

算,双面密封,损耗系数1.03。

$$\frac{每100m^2洞口}{密封油膏用量}=\frac{密封断面\times2\times洞口周长\times密封油膏表现密度\times损耗系数}{洞口面积}\times100$$

二、铝合金窗制作,安装定额项目材料用量计算实例

1. 项目名称:带亮四扇推拉窗
2. 推拉窗尺寸及示意图

示意图见11-3。

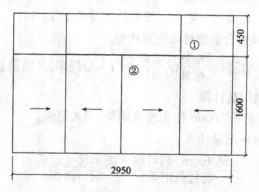

图11-3 带亮四扇推拉窗示意图

3. 铝合金型材用量计算

(1) 面积系数 $=\dfrac{2.95\times2.05}{3.0\times2.1}=\dfrac{6.0475}{6.30}=0.9599$

(2) 框料计算

上框:1.5厚　　0.8825kg/m
　　　$2.95\times0.8825=2.60$kg
中框:1.5厚　　1.643kg/m
　　　$2.95\times1.643=4.85$kg
下框:1.5厚　　0.936kg/m
　　　$2.95\times0.963=2.84$kg
边框:1.5厚　　0.789kg/m
　　　$2.05\times2\times0.789=3.23$kg
中框:①号中框　1.5厚　　1.241kg/m

$0.45 \times 2 \times 1.241 = 1.12 \text{kg}$

②号中框　1.5厚　　0.738kg/m

$1.60 \times 0.738 = 1.18 \text{kg}$

框料重量小计:15.82kg

(3)扇料计算

边邦:1.6厚　　0.926kg/m

$(1.60 - 0.03) \times 4 \text{根} \times 0.926 = 5.82 \text{kg}$

中邦:1.6厚　　1.007kg/m

$(1.60 - 0.03) \times 4 \text{根} \times 1.007 = 6.32 \text{kg}$

上邦:1.5厚　　0.723kg/m

$(2.95 - 0.02) \times 0.723 = 2.12 \text{kg}$

下邦:1.5厚　　0.985kg/m

$(2.95 - 0.02) \times 0.985 = 2.89 \text{kg}$

扇料重量小计:17.15kg

(4)压条用量计算

压条:1.0厚　　0.113kg/m

$[(2.95 - 0.02) \times 2 + (0.45 - 0.02) \times 6] \times 0.113$

$= (5.86 + 2.58) \times 0.113$

$= 0.954 \text{kg}$

(5)铝合金型材用量小计

$15.82 + 17.15 + 0.954 = 33.92 \text{kg}$

(6)铝合金型材定额用量计算

$$\text{定额用量} = \frac{33.92}{2.95 \times 2.05} \div (1 - 7\%) \times 0.9599 \times 100$$

$$= 5.609 \div (1 - 7\%) \times 0.9599 \times 100$$

$$= 578.93 \text{kg}/100\text{m}^2$$

参 考 文 献

1. 袁建新.建筑工程定额与预算.北京:高等教育出版社,1989
2. 袁建新.建筑工程定额与预算.北京:中国建筑工业出版社,1993
3. 袁建新.建筑工程预算.北京:中国建筑工业出版社,2003
4. 袁建新.建筑装饰工程预算.北京:科学出版社,2003
5. 劳动定额原理与应用编写组.建筑安装工程劳动定额原理与应用.北京:中国建筑工业出版社,1983